Tack,

Genom att välja en pocket från Bonnierförlagen bidrar du till vårt arbete för ett bättre klimat.

Vi på Bonnierförlagen arbetar långsiktigt för att minska vårt klimatavtryck och förbättrar löpande alla delar av vår verksamhet ur ett miljömässigt perspektiv. Fram till 2025 har vi som mål att minska våra CO_2e-utsläpp med 25 procent. De utsläpp vi inte kan undvika klimatkompenserar vi för i certifierade projekt. Utöver det investerar vi ytterligare 20 procent i kompensationsprojekt.

Alla våra böcker trycks på FSC®-certifierat papper, vilket garanterar ett miljöanpassat och ansvarsfullt skogsbruk. Tillsammans med våra leverantörer sätter vi stort fokus på klimatfrågan och samarbetar för att minska våra avtryck. Vi överväger alltid den grönare leverantören och det grönare materialvalet. Det är en nödvändig investering för framtiden. Vår framtid.

BJÖRN NATTHIKO LINDEBLAD
CAROLINE BANKLER • NAVID MODIRI

Jag kan ha fel

och andra visdomar från
mitt liv som buddhistmunk

BONNIER FAKTA

Innehåll

Förord av Adyashanti — 7
Introduktion — 11
Min superkraft — 13
Varsevarande — 15
Lyckad men inte lycklig — 17
Andas mer, tänk mindre — 24
Bröderna Karamazov — 28
Klosterpremiär — 33
Tro inte på allt du tänker — 38
Mamma, jag ska bli skogsmunk — 42
Natthiko – "Den som växer i visdom" — 46
Ögonblickets intelligens — 54
Det excentriska kollektivet — 58
Rytmen i ett skogskloster — 62
Kitschig visdom — 73
Det magiska mantrat — 80
Kanske, kanske inte — 86
Spöken, asketism och sorg — 92
Frivilligt psykologiskt lidande — 98
Hur många Pepsi kan en eremit dricka? — 100
Knuten näve, öppen hand — 107
Get yourself a fucking job, mate — 111

Glöm inte att lämna utrymme för mirakel	114
Bara en sak är säker	119
Hips Don't Lie	124
Jag är ju munken som aldrig tvivlat	127
Farewell letter	131
Mörkret	136
This too shall pass	140
Det börjar med dig själv	145
Livet vidare i byxor	149
Meningen med livet är att hitta sin gåva och ge bort den	154
Tillit tur och retur	157
Beskedet	160
Är det såhär det slutar?	164
Allt kommer att tas ifrån dig	168
Var det du vill se mer av i världen	173
Pappa	181
Förlåtelse	187
Från ytlighet till innerlighet	193
Det är här det slutar	195

FÖRORD AV ADYASHANTI

ATT LÄSA EN bra bok är som att ge sig iväg på en resa. Du kliver ut i det okända och låter dig omfamnas av alla intryck och upplevelser. *Jag kan ha fel* är en bok om en människas själsliga resa genom sina inre outforskade landskap. Den berättar historien om Björns resa som buddhistmunk, med riktning mot allt högre höjder av frid, kärlek och frihet. Men som i alla goda historier återspeglas även något allmänmänskligt. Det finns ingen mållinje, ingen storslagen slutsats – bara en mänsklig själ som vaknar upp i sin inneboende frihet, meningsfullhet och glädje, och gör den så konkret och verklig som möjligt i vardagen.

Visdom är inte ett stycke inlärd information, utan något vi tillskansar oss genom våra faktiska livserfarenheter. Verklig visdom uppstår när vi möter livet på ett medvetet och klarögt sätt. Ofta är den resultatet av misslyckanden, motgångar av de slag som öppnar upp ens ögon för oväntade insikter och fyller en med ödmjukhet och kärlek. Visdom svävar inte högt uppe bland molnen, utan döljer sig i de vardagliga upplevelserna här nere på jorden. *Jag kan ha fel* är inte bara en underbar boktitel, utan även ett insiktsfullt och medkännande stycke visdom. Den sortens visdom som kan förändra hela ens liv, och kanske öppna ens hjärta för evigt välbehag.

Att leva med attityden att *jag kan ha fel* är en nödvändig förutsättning för ett öppet sinne och ett öppet hjärta. Det är en visdom som låser upp dörren till ännu större insikter, kanske rentav till det djup av uppenbarelse som Buddhan nådde i och med sin upplysning. Det är en väg till kärlek, samhörighet och förståelse, likväl som till lösningarna på de väldiga utmaningar som mänskligheten står inför. Det är en ödmjuk nyckel till en kolossal dörr. Och detta är bara *en* av de många pärlor av visdom som Björn ger oss i denna bok, när han delar med sig av vad han lärt sig längs vägen som buddhistmunk.

Det krävs stora mått av längtan, mod, ärlighet och uppriktighet för att vandra vad jag kallar hjärtats väg. Den väg som Buddha märkte ut för över 2500 år sedan. Ofta känns det som att snubbla omkring i mörker, på evig jakt efter ljusglimtar som kan visa vägen framåt. Vissa av dessa glimtar kommer mystiskt nog inifrån – ofta när du allra minst förväntar dig att se dem, eller ens känner dig värd dem. Vissa av glimtarna kommer istället utifrån, i form av livserfarenheter, eller hjälpsamma mentorer och lärare, eller stunder av beröring från mystisk intelligens som på det mest oväntade sätt tycks sträcka ut en nådens hand.

Inifrån känner vi alla en stark dragning till ett liv med mer frihet, samhörighet och äkthet. Men många gör vad de kan för att ignorera den dragningen, eftersom den kan vara så svår att svara an på. Vårt moderna medvetande har vissa brister när det kommer till att "översätta" vad själen säger oss. Andra kastar sig huvudstupa ned i de gamla visdomstraditionerna i ett försök att återförenas med det inre ljuset, att väcka till liv den eviga sanning som vilar i djupet av varje människohjärta. Några av dessa andliga äventyrare blir så småningom till broar mellan våra andliga förfäder och nutida sökare. Det är min övertygelse att Björn, på sitt sällsamt mänskliga och uppriktiga sätt, är just en sådan bro. Och att *Jag kan ha fel* är just en sådan brobyggande bok.

Vad jag verkligen uppskattar med boken är dess opretentiösa ärlighet och innerlighet. Den är insiktsfull och lyfter fram stora andliga visdomar, men är hela tiden jordnära och kopplad till vårt vardagsliv. Jag upplever att böcker ibland kan bära med sig ett särskilt slags frid, som man på ett nästan sinnligt vis kan förnimma mellan sidornas rader och som väcks i en när man öppnar upp för författarens totala närvaro. Detta är precis vad som hände mig när jag i en sittning läste hela boken *Jag kan ha fel* och fick ta del av Björns fina kombination av visdomar och livligt historieberättande.

Jag rekommenderar dig dock att ta dig tid med den här boken. Njut av den som av en varm sommardag eller en ljuvlig kopp te. Och var uppmärksam på vad den kan väcka inom dig: Den tysta och stilla närvaro som så lätt förbises i vår oändligt jäktade värld.

Det som lågmält meddelas i den här boken är inte vem du borde vara, eller vad du kan uppnå om du bara följer "de här fem stegen till framgång". Istället försöker den ge en antydan om vem och vad du är bortom din persona, bortom vad du föreställer dig att du är eller tycker att du borde vara. *Jag kan ha fel* är en bok riktad till den stilla närvaron inom dig: Du-et som finns där bakom tankarna och bilderna som sinnet projicerar. Den är en påminnelse – en älskvärd och högst mänsklig påminnelse – om vem och vad som tittar ut genom dina ögon och hur du kan leva från det ljuset, lite mer varje dag.

Må alla varelser blomstra.
Adyashanti

Björn har följt Adyashantis andliga undervisning i över tjugo år nu. Adyashanti är amerikan, och från sin zenbuddhistiska tradition har han fått med sig en sällsynt förmåga att vara kärnfull och trovärdig kring det som är svårt att förmedla. Hans tilltal är alltid djupt mänskligt, hans humor varm och inkluderande, och han bygger broar snarare än murar mellan olika traditioner och religioner. Han bjuder in oss att stanna upp och lära oss känna igen vad som verkligen är varaktigt sant och fullkomligt frigörande.

INTRODUKTION

DET VORE INTE orimligt om du just nu trodde att jag har skrivit en bok. Jag gillar verkligen idén att vara någon som har skrivit en bok. Själva bokskrivandet däremot, tycks jag inte vara lika förtjust i.

Bonniers gav mig sitt förtroende med ett bokkontrakt först 2011, och sedan 2016 igen. Skrivkrampen och perfektionismen blev för svåra motståndare och besegrade mig båda gångerna.

Bonniers gav emellertid inte tappt, och skickade sin allra ihärdigaste spejare och spårare efter mig, Martin Ransgart. Jag var mitt i turnén "Nycklar till frihet" och hade gett upp tankarna på en bok. Men Martin gav sig inte. Han dök upp som gubben-i-lådan i turnésalongerna, på biopremiären, via sms, samtal, mejl och messenger. Till slut kände jag att sådan ihärdighet bara måste hedras, så jag tackade ja. Med brasklappen att jag behövde hjälp.

Bakom denna boken står mer än någon annan min turnéparhäst Caroline Bankler. Med sin språkliga briljans och exceptionella fingertoppskänslighet för just mitt sätt att uttrycka mig, skrev hon en hel bok, i första person singular, orimligt snabbt, och ofattbart finstämt. Sedan gjorde min poddparhäst Navid Modiri boken ännu mer underhållande och koncis, och organiserade om en del text och rubriker för ännu mera läsglädje. Därefter föreslog Caroline och jag ytterligare en del förändringar, för att bibehålla bokens särprägel. I redigeringsarbetet har Bonniers redaktör Ingemar E Nilsson varit ovärderlig och bidragit med sin betydande sakkompetens, sin kreativitet och sin mänskliga värme. Linus Lindgren gjorde ett hästarbete med att kurera och transkribera mina ord från poddar, föredrag, vägledda meditationer och mina två Sommar i P1.

Så jag har fortfarande inte skrivit en bok. Caroline har skrivit en bok, och Navid, Ingemar, Martin, Linus och jag har hjälpt henne på alla sätt vi kan.

Min förhoppning är att boken talar för sig själv, till just dig. Att du väljer att återkomma till den då och då. Att vissa passager och idéer i boken blir dina följeslagare genom livet. Att boken kan få vara en vän som roar och stimulerar dig när allt är väl, och tröstar och ger dig tilliten åter när dina omständigheter är mer utmanande.

Tack för ditt förtroende.
Med obruten värme,
Björn Natthiko Lindeblad

PROLOG

Min superkraft

EFTER ATT JAG hade lämnat livet som munk och kommit tillbaka till Sverige blev jag intervjuad av en tidning. De ville veta mer om mina något udda livsval. Varför vill en framgångsrik civilekonom ge bort allt han äger, raka av sig håret och flytta ut i djungeln med ett gäng främlingar? Efter en stunds samtal ställde journalisten tiotusenkronorsfrågan:

"Vad var det viktigaste du lärde dig av sjutton år som buddhistisk skogsmunk?"

Jag kände mig lite pressad och nervös av frågan. Jag behövde svara något ganska snabbt, men ville inte slarva eller fuska med just det här svaret.

Journalisten mittemot mig var inte en person med något uppenbart andligt intresse. Han hade säkert lagt märke till allt jag hade avstått ifrån under min tid som munk. Jag hade trots allt levt utan pengar, utan sex eller onani, utan tv-serier eller romaner, utan alkohol, utan familjebildning, utan semestrar, utan fredagsmys, utan moderna bekvämligheter, utan att välja vad och när jag skulle äta.

I sjutton år.

Frivilligt.

Och vad fick jag då istället?

Det var angeläget för mig att vara uppriktig. Jag ville att svaret skulle vara helt sant för mig. Så jag kände efter och snart bubblade det upp från en stilla plats inombords:

Det jag värdesätter mest av allt från sjutton års andlig träning på heltid, är att jag inte längre tror på allt jag tänker.

Det är min superkraft.

Det fina är att detta är allas superkraft. Din också. Förhoppningsvis kan jag hjälpa dig på vägen att återfinna den, om du har tappat bort den.

Det är ett stort privilegium att jag så ofta fått chansen att dela med mig av det jag lärde mig under alla år av oavbruten uppmuntran i andlig och personlig utveckling. Jag har alltid upplevt den möjligheten som djupt meningsfull. Jag har fått så oerhört mycket som har hjälpt mig, som har gjort livet lättare att leva, som har gjort det enklare att vara jag. Har jag tur så hittar du något i den här boken som också blir hjälpsamt för dig. Några av mina lärdomar har bokstavligen varit livsviktiga för mig. Inte minst under de senaste två åren, när jag tidigare än jag hade önskat hamnat i dödens väntrum. Det är kanske här det slutar. Men också här det börjar.

KAPITEL 1

Varsevarande

JAG ÄR ÅTTA år gammal. Som vanligt vaknar jag innan alla andra. Jag vankar runt i farmors och farfars hus på en ö i utkanten av Karlskrona, väntar på att min lillebror Nils ska vakna. Jag stannar upp framför köksfönstret. Plötsligt tystnar det inre sorlet.

Allt blir alldeles stilla. Den förkromade brödrosten på fönsterbänken är så vacker att jag hoppar över ett andetag. Tiden stannar upp. Allting får ett skimmer omkring sig. Ett par tussiga moln ler från en morgonblå himmel. Björken utanför fönstret vaggar sina gnistrande löv. Vart jag än vänder blicken så möts jag av skönhet.

Jag satte nog inga ord på upplevelsen då, men jag vill försöka klä den i ord nu. Det var som om allt viskade: *"Välkommen hem."* För första gången kände jag mig alldeles hemma på den här planeten. Jag var här och nu, utan en enda tanke. Sedan kom tårarna, och värmen i bröstet som jag idag skulle kalla *tacksamhet*. Därefter förhoppningen att det skulle vara för evigt, eller åtminstone riktigt länge. Det gjorde det förstås inte. Men jag har aldrig glömt den morgonen.

Jag har aldrig varit riktigt bekväm med ordet *mindfulness*. Mitt sinne känns inte *fullt* när jag är riktigt närvarande. Mer som ett tomt, stort och välkomnande rum, med gott om plats för allt. Medveten närvaro, på svenska. Det låter ansträngande och o-avslappnat. Därför skulle jag vilja sjösätta ett nytt ord i det svenska språket: *Varsevarande*.

Vi blir varse, vi förblir varse, vi är varse. Det var *varsevarandet* som blomstrade den där tidiga morgonen vid brödrosten i Karlskrona. Det känns som att ledigt luta sig tillbaka. Tankarna, känslorna, kroppsförnimmelserna – allt får vara *precis som det är*. Vi blir lite större då. Vi lägger märke till saker i och omkring oss, som vi inte har sett innan. Det känns intimt. Som en inre vän som alltid står på din sida.

Graden av närvaro påverkar dig förstås i förhållande till andra också. Vi vet alla hur det är att umgås med någon som inte är närvarande. Det är hela tiden något som stör, något som saknas. Jag upplever att det märks särskilt tydligt varje gång jag träffar små barn. De är föga imponerade av din analytiska förmåga, men fantastiskt påkopplade kring när du är närvarande och inte. De märker av när du låtsas eller har huvudet någon annanstans. Det är samma sak med djur. Men när vi själva är närvarande, när vi inte är alldeles hypnotiserade av varenda tanke som briserar, då upplevs vi avsevärt mycket mer behagliga att vara tillsammans med. Vi får andras förtroende. Vi får deras uppmärksamhet. Vi får en helt annan kontakt med vår omvärld. Detta vet du förstås, och det kan tyckas vara en total självklarhet. Men ändå är det många av oss som glömmer bort det i farten. Det är så lätt att bli upptagen av att vara smart och imponerande så att vi glömmer hur långt det räcker med uppriktig närvaro.

KAPITEL 2

Lyckad men inte lycklig

JAG GICK UT gymnasiet med bra betyg och kunde välja vidareutbildning tämligen fritt men jag hade ingen tydlig plan för min framtid. Med en ganska lös och lekfull inställning hade jag sökt in till några olika utbildningar. Sedan slumpade det sig så att jag var i Stockholm i augusti när inträdesproven för Handelshögskolan gjordes där. Pappa hade gått samma bana: finans, ekonomi och stora bolag. Så jag gjorde testerna. Det var en hel dag med krävande prov av olika slag. Det visade sig att jag klarade dem bra och ett par månader senare fick jag beskedet att jag hade kommit in. Planlös som jag var tänkte jag att jag inte hade något att förlora på att hoppa på utbildningen. Ekonomi är alltid bra, det öppnar många dörrar. Det har man ju hört. Men det allra ärligaste skälet till att jag började på Handels var nog att pappa blev så stolt när jag kom in.

På våren 1985 tog jag examen från Handelshögskolan. Då var jag tjugotre år gammal. Sverige erbjöd en gynnsam arbetsmarknad vid den här tiden. Arbetsgivarna rekryterade oss på skolan, redan innan vi hade tagit examen. En solig majkväll satt jag med en äldre bankman på en snofsig restaurang på Strandvägen i Stockholm. Vi åt middag och jag blev intervjuad för ett potentiellt jobb. Jag gjorde så gott jag kunde för att låta intelligent samtidigt som vi åt mat, vilket alltid har varit en svår kombination för mig. När middagen och intervjun var klar skakade vi tass och bankmannen sa:

"Ja, sannolikt blir det så att vi ber dig komma på fortsatta intervjuer hos oss, på huvudkontoret i London. Men får jag ge dig ett litet tips inför det besöket?"

"Javisst."

"Jo, när du kommer till London för vidare intervjuer hos mina kollegor – försök då att verka lite mer intresserad av arbetet."

Jag förstod såklart vad han menade men blev överrumplad av att det märktes så tydligt utåt. Vid den här tiden var jag, som så många andra i den åldern, en ung människa som sökte ett liv. Då gör man så gott man kan med det. Ibland innebär det ett visst mått av skådespeleri, som att låtsas vara mer intresserad av något än man egentligen är. Men just den kvällen hade mina skådespelartalanger inte riktigt räckt hela vägen. Det verkade emellertid lösa sig ändå. Jag fick andra jobberbjudanden och började snart klättra på den berömda karriärstegen.

Ett par år senare, en söndagseftermiddag i maj, ligger jag i min röda, stickiga IKEA-soffa som jag har släpat med mig från Sverige och känner varma havsvindar dra in genom fönstret. Jag var anställd vid ett stort internationellt bolag och hade nu fått en placering på deras kontor i Spanien. Jag hade firmabil. Sekreterare. Businessclass på flyget. Ett fint hus vid havet. Det var två månader kvar tills jag skulle bli den yngste ekonomichefen i ett AGA-dotterbolag någonsin. Jag fick vara med i AGA:s egen tidning och jag såg framgångsrik ut i andras ögon. Jag var bara 26 år och utifrån såg allt ut som att det gick precis som det skulle. Men jag tror att nästan alla som har fått vara med om att se framgångsrik ut i andras ögon så småningom upptäcker att det inte är någon garanti för lycka.

Att vara lyckad är inte detsamma som att vara lycklig.

I andras ögon hade jag spelat korten rätt. Jag hade de yttre tecknen på materiell och yrkesmässig framgång. Jag hade hoppat rakt från Handels in i tre intensiva år i näringslivet i ett halvdussin länder. Allt på ren vilja och disciplin. Jag fortsatte att spela min roll, fortsatte att låtsas att jag var intresserad av ekonomi. Sådant håller ett tag. Men det kommer förstås en dag i alla människoliv då disciplinen ensam inte längre räcker som drivkraft. Någonting djupare i oss behöver få påfyllnad och stimulans av vårt arbete och det vi ägnar våra dagar åt. Den typen av näring kommer sällan genom framgång. Det kan snarare vara genom att känna samhörighet med de man verkar tillsammans med, att känna en mening med det man gör, att få bidra med en talang man har.

För mig kändes det lite som att jag *klädde ut mig* till civilekonom när jag skulle till jobbet och tog på mig kostymen och fattade min blanka, fyrkantiga väska. På morgnarna knöt jag slipsen framför badrumsspegeln, vände tummarna uppåt och sa till min spegelbild: *"It's showtime, folks!"* Men den inre, subjektiva upplevelsen var: *"Jag mår inte så bra. Jag tycker inte det är roligt att gå till jobbet. Jag drivs ofta av ängslan när jag tänker på mitt arbete. Jag har en dygnet-runt-snurrande karusell i bakgrunden, med funderingar som 'Har jag förberett mig tillräckligt? Räcker jag till? När kommer någon se igenom mig? När kommer de upptäcka att jag bara sitter här och låtsas vara intresserad av ekonomifrågor?"*

Där jag nu låg, i den röda soffan, gjorde sig tvivlen extra påminda. Jag funderade vidare på vad det hade stått i böckerna vi läste på Handels. Vad var det en ekonom på ett stort företag skulle drivas av? Just det – att maximera aktieägarnas förmögenhet. *Vad betyder det för mig? Vilka är de? Har jag ens träffat en aktieägare någon gång? (Och även om jag hade det, varför skulle jag vara intresserad av att maximera hans eller hennes förmögenhet?)*

Tankarna surrade envist kring den kommande veckan och arbetsuppgifterna som låg framför mig. Det var en del saker som jag skulle göra den veckan, som jag inte kände mig fullt förmögen till. Ett ledningsgruppsmöte där jag förväntades ha en åsikt om huruvida en kolsyrefabrik skulle byggas utanför Madrid eller inte. En kvartalsrapport som skulle hem till Sverige. Det var helt enkelt en hederlig söndagsångest som började köra runt i bröstet. Jag gissar att nästan alla kan känna igen sig i den här beskrivningen. När man hamnar i sådana tillstånd, är det som att alla tankar går igenom ett mörkt filter. Vad du än tänker slutar det med oro, rädsla, uppgivenhet, ängslan, hjälplöshet. Så jag minns att jag tänkte något i stil med *"Hur kan jag hjälpa mig själv? Jag ligger här och fastnar i mörka tankar. Det här mår jag inte bra av."*

Då kom jag att tänka på en bok som jag nyligen hade läst. För tredje gången faktiskt. Jag tyckte att boken var ganska komplicerad, så även om jag hade plöjt igenom den tre gånger så uppskattade jag att jag kanske hade snappat upp trettio–fyrtio procent av materialet. Boken hette *Zen och konsten att sköta en motorcykel*.

Den handlade egentligen inte så mycket om zenbuddhism. Den handlade inte så mycket om konsten att underhålla en motorcykel heller, för den delen. Men i den fanns många idéer. Och en av idéerna jag plockade upp var att: *Det i oss människor som är rofyllt, det i oss människor som är stilla och lugnt, som inte blir turbulent av tankar som finns där i bakgrunden hela tiden – det är värdefullt, det är värt att lägga märke till. Det har gåvor.*

Efter en stund infann sig en vag känsla av insikt. *"Okej, alla tankar jag tänker nu gör att jag mår dåligt. Att försöka stoppa tankarna verkar inte funka alls. Att byta ut dem mot positiva tankar känns o-trovärdigt. Ska jag ligga här och låtsas att jag ser fram emot ledningsgruppsmötet?! Hur djupt går det, liksom? Vad gör man om man vill hitta lugnet och inte vara hypnotiserad av sina egna tankar?"*

Boken underströk alltså värdet av att lägga märke till stillheten inom oss. Men hur gör jag det? Hur gör jag rent praktiskt för att vända mig till det som är rofyllt i mig? Det var inte omedelbart uppenbart för mig hur jag skulle gå till väga men jag gillade idén.

Jag hade förstått att en väg dit kunde vara meditation. Men jag visste mycket lite om vad meditation egentligen innebar. Jag hade registrerat att det till stor del handlade om *andning* – folk som mediterar verkar hålla på mycket med sin andning. Det kan väl inte vara så svårt? Såvitt jag minns har jag andats sedan jag föddes. Men jag insåg naturligtvis också att de som mediterar verkar *ägna sig* åt andningen, *observera* den, på ett sätt som jag inte gjorde. Det kunde jag ju prova, det var värt ett försök.

Så, väldigt nybörjarmässigt, började jag följa andetaget. *"Där börjar inandningen. Där tar den slut. Där börjar utandningen. Där tar den slut. Kort paus."*

Jag ska inte påstå att det var lätt, eller kändes särskilt naturligt för mig. Jag fick hela tiden kämpa med att behålla fokus och hindra uppmärksamheten från att sticka iväg. Men jag fortsatte i 10–15 minuter till. Gång på gång försökte jag tålmodigt återkomma till att följa andetaget, medan tankarna ideligen snurrade iväg mot *"vad ska jag säga på ledningsgruppsmötet?"* Eller *"ska jag äta gazpacho till middag ikväll igen?"* Eller *"när får jag åka till Sverige nästa gång?"* Eller *"varför gjorde min tjej slut med mig?"*

Så småningom lugnade det sig i alla fall lite. Inte på ett märkvärdigt, religiöst eller mystiskt sätt, utan bara så mycket som det lugnar sig, tänker jag mig, en lugn stund i din vecka eller månad. Tillräckligt mycket för att få lite distans till tankeflödet, inte bara ha det såhär. Trycket över bröstet lättade något. Pauserna mellan de oroliga tankarna blev lite längre. Känslan av att bara vara fanns lite mer tillgänglig. Och ur det här relativa lugnet, från en tämligen stilla plats inombords, så bubblade en lågmäld tanke upp. Jag skulle nog inte ens kalla det en tanke, mer en ingivelse. Någonting inombords, som tycktes komma från ingenstans, som inte var sista länken i en serie av tankar, som inte var någonting jag resonerade mig fram till, uppstod bara plötsligt. Det stod tydligt där inför mig, färdigt och klart:

Det är dags att gå vidare.

Det tog ungefär fem sekunder för mig att bestämma mig. Bara att tillåta mig själv att tänka tanken att jag skulle säga upp mig och lämna allt var högst vitaliserande. Den kändes farlig och levande samtidigt. Kroppen fylldes av en bubblande energi som kom i vågor. Jag var tvungen att resa mig och skaka runt lite. (Just då var jag nog inte helt olik björnen Baloo.) Jag kände mig stark och handlingskraftig. Kanske var detta det första beslutet någonsin som jag hade tagit alldeles själv, utan att ängsligt se mig över axeln och undra vad andra ska tycka.

Ett par dagar senare sa jag upp mig.

KAPITEL 3

Andas mer, tänk mindre

ATT FÖRSÖKA MEDITERA i femton minuter som en förtvivlad tjugofemåring i Spanien skulle komma att betyda mer för mig än jag då kunde ana. Just då ville jag mest hitta ett sätt att hantera mitt dåliga mående men känslan jag fick var så övertygande att jag fick mersmak. Jag ville lära mig mer om den där klokaste rösten inom mig.

Det var inte så att jag fick en storartad uppenbarelse när jag började lyssna inåt eller att jag hamnade i ett speciellt medvetandetillstånd. Men att få en paus från de skavande tankarna gav mig en oerhörd frihetskänsla. De hade inte försvunnit helt, men de var inte lika hypnotiska längre. Det var som att jag hade tagit ett steg bakåt inombords och börjat förstå att jag *har* tankar, jag *är* inte mina tankar.

Tankar i sig är förstås inte ett problem. Att automatiskt, obesett identifiera sig med varje tanke – det är ett jättestort problem. I det otränade sinnet gör vi lätt det. Vi upplever att vår identitet är tätt kopplad till vårt tankeliv.

Jag vill inte uppmuntra någon att tänka positivt. Inte alls. Personligen är jag inte övertygad om att positivt tänkande är särskilt kraftfullt. Jag har aldrig upplevt att det har gått på djupet.

Att försöka att inte tänka någonting alls då? Lycka till. Jag skulle vilja påstå att det i princip är fysiskt omöjligt. Försök att inte tänka på en rosa elefant. Vår hjärna kan inte förstå ordet "inte". Men att däremot lära sig att släppa en tanke – *det* kan vara oändligt hjälpsamt.

Hur släpper du taget om en serie tankar som du inte vill springa med? Jo, du vänder din uppmärksamhet åt ett annat håll. Tankars enda näring är din uppmärksamhet.

Föreställ dig en knuten näve som släpper upp fingrarna och blir till en öppen hand – som visar hur vi kan släppa taget om saker och tankar och låta dem flyga vidare. Den enkla gesten, att släppa taget en kort stund om det vi tänker på, räcker väldigt långt. Att avsiktligt och medvetet rikta vår uppmärksamhet mot någonting mindre komplicerat, såsom en kroppslig företeelse som andetaget, kan utgöra en aldrig så välgörande och svalkande paus från det inre kaoset.

Kanske kan det vara hjälpsamt för dig också, om du vill prova?

När det är dags att andas in, tänk dig att det är ett stigande genom kroppen. Det är lite som att överkroppen vore en stående flaska med vatten i. När vi andas ut sjunker vattennivån, blir alldeles tom, och när vi andas in stiger den igen, från botten. Tänk dig att inandningen börjar nere i höfterna, eller ända nere vid golvet. Sedan stiger vattennivån upp genom magen, bröstet och halsen.

Se om du bara kan låta de här två vågorna hålla dig en stund – den fallande vågen på utandningen och den stigande vågen på inandningen. Gör du justeringar, så gör dem snällt och vänligt, som om du frågade kroppen: Hur blir det bäst för dig att andas? Blir det lättare för dig att ta in luft om jag öppnar lite i bröstet?

Sjunker lite i axlarna? Hitta den delen av dig som tycker att det blir tillräckligt bra så. Den tycker till och med att det är skönt.

Det här andetaget, det är allt du behöver ägna dig åt nu. Du har semester från allting annat. Frontalloben har ledigt. Just nu behöver du inte ta något ansvar. Just nu finns det ingen plan du behöver formulera, ingen åsikt du behöver ha, inget du behöver komma ihåg. Andas är det enda du behöver göra. Var kvar i det så länge du vill.

Hur ofta ger du dig själv den här typen av inre uppmärksamhet? Ta gärna chansen när du kan.

Inte för att du ska tjäna någonting på det. Inte för att det ständigt ska bli lugnt och fridfullt. Inte för att du ska få uppleva inre fyrverkerier. Inte för att du vill vara en mer andlig person. Utan bara för att andetaget är värt det.

Tänk på alla stora ord som har med andning att göra. Inspiration – att andas in. Aspiration – att andas ut. Andlig, ande. Det finns något där. Vill du få tillgång till mer av din vitalitet, vänj dig vid att känna din andning.

Den thailändske munken Ajahn Chah, som var mästare i traditionen jag levde i, ska en gång ha sagt: "Det finns människor som lever ett helt liv utan att på riktigt ha upplevt ett enda andetag. Så oerhört sorgligt."

Att välja var man vilar sin uppmärksamhet kan låta enkelt, men jag är den förste att skriva under på hur oerhört svårt det kan vara. När vi börjar fokusera på andningen hamnar de flesta av oss i en sorts mental jojo. Man följer ett par andetag, sedan sticker uppmärksamheten iväg till något ovidkommande och man får tålmodigt hämta tillbaka den.

Gång på gång på gång. Tankarna är närmast outtröttliga i sin iver att snurra bort åt de mest oväntade håll. Men varje gång de sticker iväg så upptäcker vi det förr eller senare. Allt vi kan göra då är att notera att det hände (igen), utan att kritisera oss själva eller bedöma graden av framgång, släppa de tankarna, och lugnt styra tillbaka uppmärksamheten till det vi hade avsett.

Det kan vara lätt att tröttna. Men det är värt att hålla ut. För även om detta blott är en liten, oglamourös gest i varje enskilt människoliv, så är det ett alldeles nödvändigt och ovärderligt steg i mänsklig medvetandeutveckling.

Värdet av stillhet och att vända sig inåt är något som betonas och uppmärksammas i alla religioner och har gjort så sedan urminnes tider. Det har inte bara att göra med buddhism eller meditation eller olika böneritualer. Det har att göra med att vi är människor.

Vi har alla förmågan att släppa tankar, att välja *var* vi vilar vår uppmärksamhet, *hur länge* vi låter vår uppmärksamhet vara i sådant som inte gör oss gott. Du också. Ibland kan man bara behöva öva lite. För när vi ignorerar eller helt slutar intressera oss för den förmågan så lämnas vi till att bara dras med av våra präglade, automatiska beteenden, föreställningar och mönster. De har oss som i ett koppel. Och vi går samma runda om och om igen. Det är inte frihet. Det är inte värdighet.

Är det här lätt?

Nej.

Är det värt att ändå göra det så gott man kan, i sin egen takt?

Ja.

KAPITEL 4

Bröderna Karamazov

DET VAR INTE alldeles enkelt att knacka på chefens dörr och plötsligt säga: "Du, det blir inte som vi har planerat. Jag säger upp mig nu." Inte heller att ta samtalet till mamma och pappa: "Ja, jag har sagt upp mig. Nej, jag har ingen plan B."

En månad efter uppsägningen var jag tillbaka i Göteborg. Jag hyrde en enkel enrumslägenhet, i tredje hand i Majorna och fick jobb som diskare på Långedrags värdshus. Jag minns en dag när jag stod där själv med grovdisken och hörde den övriga personalen trilla in, lättsamt snackandes med varandra: "Öh, pratar den nye diskaren svenska eller?" Stoltheten inom mig ropade förnumstigt: *"Jag var faktiskt ganska viktig fram tills nyligen."*

Kort därefter började jag läsa litteraturvetenskap. En morgon på spårvagnen, på väg till universitetet, ser jag en reklamskylt för en telefonjour som just öppnat. Någonting i mig tilltalades av att prova på volontärarbete, så jag anmälde mitt intresse. Jag utbildades under ett halvdussin söndagar och satt sedan fyratimmarspass på torsdagskvällarna vid en telefon. I början försökte jag förstås ge kloka råd. Men så småningom lärde jag mig att bara vara tyst och lyssna med ett öppet hjärta.

För första gången mötte jag skuggsidan av min egen hemstad. Ensamhet och utsatthet. Förtvivlan och hjälplöshet. Ofta var jag motvillig när jag skulle gå iväg till mitt arbetspass. Men efteråt var jag alltid ett par centimeter längre, med värme och mening sjungandes i bröstet. Lika ofta som folk grät över sina liv, grät de av tacksamhet över att någon äntligen lyssnade på dem. För vissa var det årtionden sedan någon hade gett dem en sådan uppmärksamhet. Jag blev påmind om något viktigt: Att finnas till hands för andra gav mig oerhört mycket tillbaka.

Efter ett års litteraturstudier fortsatte jag mitt sökande ut i världen. Jag hamnade så småningom i Indien, som ekonom för FN:s livsmedelsorgan. Det var ett klassiskt exempel på: Ung, idealistisk, stjärnögd västerlänning åker för att hjälpa Indien. Slutresultat: Indien hjälper ung, idealistisk, stjärnögd västerlänning mycket mer. I samband med det året ryggsäcksreste jag i Sydostasien. I tre veckor gick jag upp och ner för bergen i Himalaya. Det var otroligt. Ända sedan barnsben har jag älskat bergen förbehållslöst. Det har alltid varit min favoritmiljö, mitt element. Jag blir nästan automatiskt lycklig av att befinna mig bland höga berg. Så du kan säkert tänka dig hur bra jag mådde när jag vandrade orimligt långa dagsetapper varje dag längs de magnifika bergsmassiven.

Jag gissar att alla som har provat på vandring med ryggsäck en längre tid vet hur det känns efter ett tag; livet blir på något sätt enklare dag för dag. Till slut handlar allt bara om väder, kropp, mat, dryck och vila. Jag minns hur jag hakade på mig ryggsäcken på morgnarna och kände att jag kunde gå hur länge som helst – *det här är det enda jag vill göra*. Jag kände mig oövervinnerlig.

Dock hade jag förmodligen tidernas minst intelligenta packning. Jag misstänker starkt att jag var den ende vandraren det året som var pretentiös nog att släpa med mig en tung, inbunden kopia av Dostojevskijs *Bröderna Karamazov*. En tegelsten som jag dessutom var alldeles för trött för att ens orka läsa när jag kom fram på kvällarna.

När den knappt månadslånga vandringen var över kom jag tillbaka till den nepalesiska huvudstaden Katmandu, där många ryggsäcksresande samlades. Jag hade ätit samma mat i flera veckor – linsröra med ris, tre gånger om dagen – så med stor entusiasm beställde jag in en lyxig frukost på stället där de enligt ryktena serverade Katmandus bästa croissanter. En mycket vacker, rebellisk läkarstuderande från Kapstaden slog sig ner mittemot.

Hon sa att hon hette Hailey.

Hela livet har jag haft komplex över att jag är dålig på att flörta. Jag måste ha försovit mig dagen då Gud delade ut den stora Flörthandboken. Men någonting måste jag ha gjort rätt den frukosten. Den pågick i fyra timmar och ganska snart var jag helt säker på att jag var förälskad i den här högljudda, färgstarka och lite stökiga kvinnan som satt framför mig. Den här gången var känslorna dessutom besvarade. Några dagar senare reste vi tillsammans till Thailand och hade ett par veckors fullkomligt felfri och filmisk strandromans. Sen dumpade hon mig.

Jag tror att det som hände efter de två första, drömlika veckorna var att jag började befara att jag nog tyckte om henne mer än hon tyckte om mig. Då var steget inte långt till nästa rädsla:

Kanske kommer hon att lämna mig?

De misstankarna gjorde att någonting låste sig i bröstet på mig. Och det gick snabbt. Jag gissar att det var den mekanismen som gjorde att det började stänga till i känslocentrat. Och när man börjar bli känslomässigt stängd så har man inte alls lika nära till det lekfulla, lättsamma, humoristiska och spontana. Man blir ofta stum och fyrkantig. Jag blev verkligen det. Dessutom sa jag till mig själv att jag inte *borde* vara så stum och fyrkantig, vilket gjorde att jag blev *ännu* mer stum och fyrkantig. När Hailey till slut, väldigt vänligt och omsorgsfullt, bekräftade min rädsla och faktiskt gjorde slut, så var det enda jag kunde svara: "Vet du vad, om jag var med någon som mig, så som jag är nu, så hade jag också gjort slut."

Jag var gammal nog att ha blivit dumpad några gånger tidigare men det gjorde inte mindre ont för det. Jag har under livets gång lagt märke till att jag inte är ensam om att såren från att ha blivit lämnad eller avvisad är extra ömtåliga. Ofta hör de till de djupaste såren i en människa. Dessutom har jag alltid varit något av en drama queen.

Så där befann jag mig då, nydumpad på en strand i Thailand. Ensammare än någonsin och totalt hjärtekrossad. Jag bodde på ett klassiskt backpackerställe. Runtomkring mig vimlade det av obekymrade, vackra, solbrända, lekfulla, äventyrslystna, utåtriktade, unga människor.

Och så jag då. Som gömde mig bakom min tummade Dostojevskij-bok och försökte se ut som att jag var djupsinnig, och att allt jag behövde var de stora idéernas värld. Det höll i några dagar. Sedan blev det helt uppenbart att jag *bara* var djupt förtvivlad.

Det blev smärtsamt tydligt för mig att jag inte hade en aning om vad jag skulle göra när jag mådde så där dåligt. Verkligen *ingen* aning. Jag hade inga som helst verktyg i lådan. Och jag kunde inte låta bli att tänka: *"Är det inte lite konstigt? Jag har gått i skolan i sexton år, och jag minns inte en enda timme där jag lärt mig något kring 'Vad gör man när livet blir svårt?"*

Vi behöver alla guidning emellanåt. Jag kan inte ens föreställa mig den person vars liv aldrig blir svårt. Alla går vi igenom passager där vi känner oss totalt ensamma, hjälplösa, utan stöd, missförstådda, illa behandlade. Och när det blåser upp till storm behöver vi hitta saker att hålla oss i, surra oss vid. Vi kan hitta det i vår omgivning eller inombords. Gärna både och.

Det är här vi kommer till vad som låter som en fullständig kliché:

Ung, hjärtekrossad man söker sig till kloster. Men det var precis så det var. Jag hade egentligen aldrig varit intresserad av religion men det hade blivit så plågsamt uppenbart för mig att jag var hjälplös när känslorna drabbade mig på detta sätt. Jag behövde göra något. Det var dags att be om hjälp och Buddhan tycktes mig ett bra ställe att börja.

KAPITEL 5

Klosterpremiär

JAG HADE FÅTT adressen till ett kloster i norra Thailand, där man gav månadslånga kurser i meditation på engelska. Även om jag hade försökt mig på meditation litegrann tidigare, så hade jag fortfarande väldigt vaga idéer om vad det egentligen handlade om. Men jag hade spanat in några munkar som jag sett under mitt resande och jag tyckte att de såg rätt avslappnade och tillfreds ut, där de lullade runt i gryningen och fick mat i sina skålar från vanliga människor. Dessutom fanns det något med thailändarna överlag som fascinerade mig. De var liksom bekväma i sitt eget skinn. De hade något obestämbart tryggt över sig, som jag inte hade sett lika mycket av i västvärlden.

Sedan unga år hade jag lagt märke till en röst i mig som ofta viskade att jag inte dög som jag var. En röst som blev väldigt högljudd när jag gjorde något klumpigt eller obetänksamt, när jag misslyckades eller missuppfattade någonting. Samma röst var alltid knäpptyst när jag gjorde någonting bra. Och jag förstod redan då att det där inte bara var ett personligt problem, utan att det också är en del av det kulturella arv som jag har fått med mig. Många i vår del av världen lever med en ständigt mumlande, kritisk röst inombords. En röst som är ogenerös när den talar till oss, även då vi bara gjort något oskyldigt misstag. Vi går ofta och bär på en känsla av att inte räcka till, en rädsla att bli "avslöjade". Vi tvivlar på att folk skulle tycka om oss om de visste hur vi *egentligen* är. Vi spelar ett spel för att vara på den säkra sidan. Sådant präglar förstås hur vi möter vår omvärld. Detta blev extra tydligt i kontrast till thailändarna jag mötte.

Thailändarna verkade helt enkelt gilla sig själva i mycket större utsträckning. Jag har nästan aldrig träffat en västerlänning som lika trovärdigt utstrålar en säkerhet på att världen välkomnar dem som de är. Det kändes som att thailändarna kunde komma in i ett rum med en förbluffande självklarhet och utstråla: *"Hej, jag är här nu! Härligt, va? Visst blir allt lite bättre när jag är med!? Jag tar för givet att alla tycker att det är jättekul att jag är här och jag känner mig helt säker på att ni gillar mig!"* En lite löjlig och tillspetsad beskrivning kanske men det var ungefär det intrycket jag fick. Och jag tyckte mycket om det.

Jag kommer till klostret som jag hade blivit tipsad om med vilt orealistiska förväntningar på vad meditation kan erbjuda. Det var ett litet, stökigt bykloster nära flygplatsen utanför Chiang Mai. Vi omgavs av loppbitna hundar som åt våra kryddstarka matrester och det var allmänt rörigt och högljutt. Av någon anledning tyckte de om ett slags folkmusikfestivaler i klostret. Det kunde spelas elektronisk musik strax utanför och unga människor dansade på en scen precis när vi satt och skulle meditera.

Som jag såg det verkade munkarna huvudsakligen ägna sig åt att skvallra och röka. Det var vi västerlänningar som mediterade. Men vi var å andra sidan väldigt, *väldigt* seriösa.

En inte särskilt överdriven beskrivning av hur tankeflödet såg ut när jag mediterade min andra dag på kursen kan låta såhär:

Okej, nu kör vi. Fyrtiofem minuters obruten närvaro. Andetaget är vägen framåt. Jag tänker lämna min förtvivlan bakom mig på det här stället och komma ut som en ny man till världen. Kanske kan jag till och med vinna tillbaka Haileys hjärta? Andas in, andas ut. Undra vad det blir till lunch idag? Det vi fick igår skulle vi inte ens ge hundarna hemma. Samtidigt dignar träden häromkring av solmogen, exotisk frukt ... Okej, fokus. Andas in, andas ut. Men alltså kaffet på det här stället. Det håller bara inte måttet! Såvitt jag kan se är det vi, västerländska backpackers som håller det här stället under armarna finansiellt. Det är vi som fyller donationslådorna. Och vi är inte okej med Nescafé! Det hade snabbt återbetalat sig om det investerades i en ordentlig, italiensk kaffemaskin. Cortado, cappucino ... Vad hände där? Jag skulle ju meditera, hamna i ett högre tillstånd. Istället kapade någon min uppmärksamhet på ett oroväckande passionerat och intensivt sätt. Sedan när fick jag jobbet att pimpa klostermenyn? Tur att de andra inte hörde. Jag som är så seriös. Skärpning nu. Gå tillbaka till fokus på andningen. Känn kroppen. Släpp taget. Buddhan var stor på att släppa taget. Nu kör vi på det. Andas in, andas ut ... Alltså, vad tråkigt detta är! Ska det inte hända något? Det här kan ju inte vara grejen. När kommer den kosmiska orgasmen? När börjar de inre fyrverkerierna? Jag är så redo!

Om du någon gång har försökt meditera så gissar jag att du kan känna igen dig. Man har tänkt på sig själv som en i huvudsak rimlig, rationell, förnuftig och sansad varelse, men så upptäcker man istället att det är något slags kringresande apcirkus som kapar ens uppmärksamhet större delen av tiden. Vi är många som gjort det misstaget när vi börjat meditera; att vi tror att det ska bli alldeles tyst på hjärnkontoret. Det händer inte! Möjligen korta stunder, men inte mer än så. Det är bara döda människor som har det helt tyst i huvudet. Levande människor har ett intellekt och intellektets natur är att producera idéer, jämföra dem med andras, formulera dem och ompröva dem.

Det är lätt att både förundras och förfäras över alla vansinniga, helt ocensurerade tankar som tar plats där inne. Man är glad att omgivningen inte behärskar tankeläsning. Men en tröst är att det är samma för alla. Detta är såklart naturligt. Inget konstigt alls. Det gäller bara att förstå att de är just *tankar* – inte sanningar. Dessutom är det värdefullt att lägga märke till den inre tankecirkusen, för det kan hjälpa oss att få distans till tankarna när vi verkligen behöver det. Vi kan ta dem lite mindre på allvar, hitta ett mer nyktert sätt att förhålla oss till vårt tankeliv: *"Men titta, där kommer den märkliga tanken. Jaha. Den släpper jag vidare."*

Ett av skälen till att jag tycker om att vara tillsammans med folk som har påbörjat den inåtgående rörelsen är just att de har upptäckt kalabaliken på hjärnkontoret och därigenom fått distans till sig själva och sina tankar. De blir oundvikligen mer prestigelösa. Och det är uppfriskande att vara med folk som inte tar sig själva och sina övertygelser på så stort allvar hela tiden. Istället kan vi enas i att konstatera: *Jag är inte riktigt samlad. Du är inte riktigt samlad. Jag är inte riktigt genomtänkt. Du är inte riktigt genomtänkt.*

Jag tänker ofrivilligt på galna saker titt som tätt. Du med. Jag har oproportionerliga känslomässiga reaktioner på vissa saker. Du med.

När man, med lite perspektiv, har fått syn på sitt tankeliv och förstått att andra har det likadant, så blir det automatiskt lättare att lägga märke till det vi människor *delar* istället för det som skiljer oss åt. Oavsett vem vi är, var vi kommer ifrån och vad vi har för historia, så tenderar vi att ha väldigt mycket gemensamt i vårt inre tankeliv. Genom att erkänna detta och lyfta fram det i ljuset så blir det lättare att sluta låtsas att vi har koll. Det blir lättare att hjälpas åt, att dela med oss, att mötas på riktigt. Vi kan skapa kompletterande relationer istället för konkurrerande, glädjas åt att inte vara en ensam satellit. Vi kan lära oss av varandra utan rädsla för att misslyckas. Se det som är fint i andra, utan att ta det olyckliga nästa steget och viska till oss själva att vi inte är lika bra.

KAPITEL 6

Tro inte på allt du tänker

MEDITATIONSKURSEN VAR EN månad lång, men jag flydde klostret efter fyra dagar. Jag har aldrig varit en person som ger upp saker. Jag tog mig till exempel igenom tre år på Handels utan att vara genuint intresserad av ett enda ämne. Jag sprang Sevilla maraton 1987, i trettiofem graders värme, med nio träningstillfällen i kroppen, iklädd en tjock bomulls-T-shirt, vilket mina bröstvårtor aldrig riktigt har förlåtit mig för. Men här gav jag faktiskt upp.

På fjärde dagens kväll sitter jag med en flaska vin inne i staden Chiang Mai och undrar vad som egentligen hände. Vad var det som var så svårt?

Att sova på en träbrits gick an. Att vara tyst hela tiden kunde jag uthärda. Att gå upp jättetidigt var okej. Att äta sällan och dessutom dåligt, det var också hanterbart. Men att nästan utan några andra distraktioner vara helt utlämnad åt mitt snattrande, tjattrande, kritiserande, kommenterande, jämförande, ifrågasättande, klagande tankeliv hela dagarna – *det* var outhärdligt. Medan jag försökte stilla mitt inre, svarade mitt inre tillbaka med en strid ström av påhopp och självtvivel.

Men någonting hade väckts inombords. Det blev väldigt

tydligt för mig att jag inte ville ha det sådär. Att inte klara av att vara i sitt eget sällskap, det är ett problem. Så jag gjorde ett slags överenskommelse med mig själv redan där och då: *Från och med nu kommer en av mina ledstjärnor vara att bli någon som lite lättare kan vara i sitt eget sällskap. Som är lite bekvämare i sitt eget skinn. Som inte hela tiden ägs av sina egna tankar. Som en vacker dag kanske till och med kan bli en god vän till sig själv.*

Jag hade åtminstone fått en ledtråd till vägen framåt. Jag kände mig inte längre enbart som ett offer för yttre och inre omständigheter som jag inte rådde på. Jag hade trots allt hunnit upptäcka att när sorgen eller oron eller ensamheten slog till, då kunde jag välja att andas medvetet, låta uppmärksamheten vila i kroppen, och inte omedelbart tro på alla tankar min hjärna presenterade.

Det var Buddhans första gåva.

Det går en tid. Men vid ett senare tillfälle kommer jag faktiskt tillbaka till samma lilla stökiga bykloster och slutför den fyra veckor långa kursen. Det är det svåraste jag någonsin gjort. Jag gav upp tre gånger under kursens gång. Men Thanat, min vänliga kinesiska lärare, log mjukt varje gång jag gav upp. Han gav mig lite varm sojamjölk i en plastpåse och sa: "Sov på saken. Du har ju rest så långt för det här. Kanske känns det annorlunda imorgon bitti." Det gjorde det alltid. Och jag började förstå varför Buddhan talade så mycket om alltings förgänglighet. Ingenting varar. Inte heller de jobbigaste stunderna.

Det var Buddhans andra gåva.

Väl hemma i Sverige igen fortsatte jag att meditera, morgon och kväll. Det kändes som att jag äntligen fått en nyckel till mitt inre rum. Jag kunde tydligare känna vad jag bar på. När jag lyckades möta det som kändes svårt inombords så släppte ofta en del av motståndet.

Att försöka styra uppmärksamheten, välja vad vi riktar den mot, är det bästa och kanske enda vi kan göra när det blir riktigt svårt.

Det var Buddhans tredje gåva.

"Tro inte på allt du tänker." – Få saker har hjälpt mig mer i livet. Tyvärr är den superkraften, som vi alla har, lite bortglömd. Men faktum är att det blir så oändligt mycket lättare att vara du och jag om vi kan möta vårt eget tankeflöde med lite mer skepsis och humor.

Vad vinner du då på att inte obesett tro på varje tanke som far genom ditt huvud?

Jo, något så ovärderligt som en riktigt fin inre bundsförvant. Någon som alltid står på din sida. När vi tror på allt vi tänker blir vi utsatta och försvarslösa. Både i stort och smått. Dessutom gör det oss mindre kloka. I våra mörkaste stunder kan det falla hur djupt som helst. Det kan bokstavligt talat plåga livet ur oss.

Var finns värdigheten, var finns friheten, i ett människoliv där du tror på allt du tänker? Inte minst mot bakgrund av att nästan alla våra tankar är automatiska. Vi är präglade varelser. Vi är kodade av hur vi växte upp, vad vi var med om, av vad vi kom in med i det här livet, hur vår kultur och vår tillvaro ser ut och vilka budskap vi möts av i vår omgivning.

Våra tankar är inte självvalda. Vi har inte bestämt hur de ska låta. Möjligen kan vi uppmuntra dem olika mycket, ge dem varierande mycket plats. Men vi kan inte styra över vilka tankar som ska uppkomma. Vi kan bara välja om vi ska tro på dem eller inte.

KAPITEL 7

Mamma, jag ska bli skogsmunk

SOM DE FLESTA nyfrälsta, västerländska buddhister läste jag mängder med böcker om buddhism. En bok hette *Seeing the Way*. I den beskrevs ett kloster i nordöstra Thailand, där skogsmunkar från hela världen levde tillsammans. Ett frö planterades i mig: Tänk om jag skulle bli skogsmunk i Thailand? För varje sida jag läste i en av mina böcker var det som att fröet vattnades med en droppe vatten. Droppe för droppe växte det lilla fröet och plötsligt en dag när jag satt vid köksbordet med min mamma tittade en liten planta upp ur jorden:

"Mamma, jag tänker bli skogsmunk."

"Okej ... Har du träffat en skogsmunk någon gång?"

"Nej. Jag har läst om dem i en bok."

"Har du varit i ett skogskloster någon gång?"

"Nej."

"Björn, är du alldeles säker på det här?"

"Ja."

Där var den igen, känslan av ett alldeles självständigt beslut. Intuitionens lågmälda övertygelse. Den överraskade både mamma och mig. Precis som första gången i Spanien tog det ungefär fem sekunder för mig att bestämma mig.

Mina föräldrar stod som vanligt bakom mig. De hade så sakta vant sig vid min mer excentriska sida och att jag helt hade släppt satsningen på en traditionell karriär. Det var okej. De ifrågasatte aldrig det, eller något av mina andra beslut. Att mamma och pappa alltid har stöttat mig, trots mina ovanliga livsbeslut, betyder förstås enormt mycket.

Till historien hör att pappa började sin pappa-karriär som Hovås mest konservativa pappa, för att senare bli befordrad till Saltsjöbadens mest konservativa pappa. Så att hans son skulle avstå en lovande karriär som ekonomichef för att istället sitta och blunda i ett kloster i Thailand var trots allt lite utmanande. Men han hanterade det väldigt bra. Han var inte överförtjust när jag hade skaffat ring i örat under en ryggsäcksresa i Nya Zeeland, och visst var mina stora, mönstrade nepalesiska lantbrukarskjortor i grov bomull ett märkligt klädval i hans ögon. Det var de förmodligen i de flestas ögon. Men pappa stod trots allt bakom mig när det väl gällde och stöttade mig i min ovanliga resa framåt i livet.

En dag kom jag hem och berättade för mamma och pappa att jag hade bestämt mig för att ta nästa steg. Från och med nu skulle jag leva helt och fullt som alla nyfrälsta buddhister gör; jag skulle följa de fem levnadsreglerna ända tills jag blev munk.

"Okej, och vilka är det?" undrade pappa svagt skeptiskt.

Jag svarar pappa att jag ska avstå från att ta liv eller skada liv. Varken andras eller mitt eget. Inte stjäla eller ägna mig åt olämpliga sexuella aktiviteter. Inte ägna mig åt att ljuga och avstå från berusande drycker.

När jag kommer till den sista regeln, att jag inte ska nyttja alkohol, så säger han:

"Men nu tog du väl ändå i?!"

Allt annat tyckte han att man kunde leva med, men det här med att helt avstå alkohol, det var lite *väl* fundamentalistiskt. Där någonstans gick pappas gräns.

Buddhan betonar väldigt tydligt att relationen till ens föräldrar är speciell. Det är värdefullt att vara tacksam gentemot sina föräldrar. Oavsett hur bra eller dåliga de var i sitt föräldrauppdrag, så gjorde de säkert sitt bästa. Det är utgångspunkten. Och när man får egna barn kommer det ofta som en aha-upplevelse; herregud vilken insats som krävs och vad svårt detta är. Så under min sista tid hemma växte min tacksamhet till mina föräldrar och blev ännu starkare.

När mamma och pappa frågade om det var någonting jag ville göra innan jag for iväg till klostret så svarade jag att jag skulle vilja åka på en semester till Alperna, sådär som vi gjorde när vi var små.

Sagt och gjort. Alla hängde på; mamma, pappa och vi fyra bröder, även om alla var vuxna nu.

Man kan säga att vi i familjen hade ganska olika livsstilar vid det här laget, inte minst olika dygnsrytm. Jag hade ju alla mina märkliga, nyförvärvade vanor. Så vid 04:30 på morgonen sitter jag i vardagsrummet i den lilla alpstugan vi hyrt och mediterar i det svaga, grönbleka skenet från kylskåpets kontrollampa. Efter en stund trillar mina tre bröder in och nästan ramlar över mig. De har varit på disco, stängt stället. Jag tycker det är en ganska fin scen över hur mitt liv började gå åt ett annat håll.

Jag bestämde mig för att ge bort allt jag ägde innan jag blev skogsmunk. Jag har aldrig riktigt kunnat ta personligt ägande på fullt allvar, aldrig tänkt att jag hade något starkare grepp om mina fysiska ting, men häpnade ändå över den otämjda glädje som vällde fram inombords när jag väl släppte taget om ägodelarna. Det kändes ungefär som om jag hade åtta espresso i blodomloppet. Därefter betalade jag av mitt studielån eftersom man inte fick ha några skulder om man ville bli skogsmunk.

Sedan var jag redo utan att veta riktigt för vad. Men jag lämnade Sverige utan reservationer. Det var ju dessutom vinter.

KAPITEL 8

Natthiko – "Den som växer i visdom"

DEN 28 JANUARI 1992 kliver jag ur tuk-tuken och kränger på mig min lilla ryggsäck. Jag kliver in genom klosterporten för första gången. *Wat Pah Nanachat* – det internationella skogsklostret – står det på skylten. Jag vandrar in under ett valv av höga trädkronor, och når snart fram till meditationshallen. Det luktar tigerbalsam och kinesisk rökelse. Ett tjugotal munkar från hela världen sitter tysta på ett lågt podium och äter ur sina allmoseskålar.

Jag sätter mig i köket och äter med de gamla bykvinnorna. Deras barnbarn stojar och leker. Ett tiotal västerländska gäster sitter också där. Efter måltiden kryper jag fram på knä till abboten och bugar, som jag har lärt mig att man ska göra. Han heter Ajahn Passano, och är en skogshuggarson från Kanadas västra vildmarker. Han ler varmt och brett när jag framför mitt ärende:

"Jag har lämnat allt bakom mig och vill bli skogsmunk."

Fint, tycker han:

"Du kan flytta in i sovsalen med de andra manliga gästerna. Blir du här längre än tre dagar så får du raka av dig håret."

Där och då kändes välkomnandet lite väl kort. Långt senare förstod jag varför. Abboten hade sett så många komma, och så många som lämnat kort därefter, när verkligheten inte motsvarade deras förväntningar. Min övertygelse hade emellertid inte bleknat det minsta efter de tre första dagarna, så det kändes lätt att raka av sig håret då. Man gör det som en gest för att visa att man själv är beredd att avstå något för att vara där, att man menar allvar. Dessutom medför rakningen en naturlig reglering av besökstiden. Det blir tydligt att klostret i första hand är en hemvist för munkar och nunnor och inte ett gratis vandrarhem för backpackers. Jag gjorde rakningen tillsammans med en man från Nya Zeeland som anlände samtidigt som jag och som sedan kom att bli en nära vän. Vi tog kort och skrattade gott åt de lustiga frisyrer vi skapade på vägen mellan relativt långt hår till helt skallig.

Efter några veckor hölls en enkel liten ceremoni och jag blev så kallad postulant, ett slags låtsasmunk, klädd i vita munkkåpor. Som postulant får man fortfarande göra de flesta vanliga saker såsom att hantera pengar eller köra bil, men man börjar alltmer invigas i det riktiga klosterlivet. När det hade gått tre månader blev jag novismunk. Det var då jag fick mitt munknamn.

Vår abbot och lärare vid den här tiden, Ajahn Passano, var otrolig i mina ögon. Jag kände en omedelbar och reservationslös tillit till honom och inte en enda gång gav han mig anledning att ifrågasätta den tilliten. Som vanligt under en namngivning så vände sig Ajahn Passano till den bok som finns i alla thailändska kloster och som visar vilka namn du kan tänkas få, beroende på vilken veckodag du är född på. Det finns hundratals namn att välja på för respektive dag och det är lärarens sak att utse något som han tycker passar. Ajahn Passano föreslog namnet *Natthiko*, som betyder "den som växer i visdom" och frågade mig om jag tyckte att det kändes bra. Jag tyckte mycket om det och gör så än idag.

Man får sitt munknamn som en påminnelse om sin nya livsstil. Livet som "hemlös". Det är inte uttalat huruvida ditt munknamns betydelse stärker något som finns i din personlighet eller om det är en uppmuntran till något du behöver utveckla. Det kan nog variera. Vi hade till exempel en munk hos oss som kom från en minst sagt stökig bakgrund och som hade ett väldigt grovt språk, tätt strösslat med diverse svordomar. Det rimmar inte helt väl med klostertillvaron, så när han fick munknamnet *Den vältalige* var det uppenbart att läraren tyckte att han behövde lite extra uppmuntran på just den punkten.

Som novismunk ser man ut som de andra munkarna, iklädd ockrafärgade kåpor i vårt fall, men man följer än så länge bara de lite enklare reglerna. Först när vi hade varit novismunkar i ungefär ett år fanns möjligheten, om alla var överens om att det var en god idé, att bli munk "på riktigt". Då väljer man att leva striktare, enligt betydligt fler regler. Traditionerna kan se olika ut, beroende på vilken buddhistisk inriktning man tillhör, men inom Theravada följer ordinerade munkar 227 regler och nunnorna 311.

I bästa fall lär man sig recitera reglerna utantill. Det ger en viss status. Bland de thailändska munkarna var det kanske tio procent som tog sig an uppgiften, och bland oss västerlänningar vad det omkring en tredjedel. Det kräver så enormt mycket träning. Reglerna är angivna på skriftspråket pali och man behöver lära sig att rabbla dem i ett extremt högt tempo. Rutinen var att någon av oss reciterade reglerna högt för hela gruppen en gång varannan vecka. Är man riktigt snabb tar recitationen cirka femtio minuter och om du är långsammare än så blir du inte helt populär, eftersom det blir så tradigt för de andra att lyssna på. Jag lärde mig det till slut, men det var bland det svåraste jag gjort i hela mitt liv. Jag överdriver inte om jag säger att det tog tusen timmar att nöta in det.

Det finns fyra regler som står ut. Bryter man mot någon av dem upphör man direkt att vara munk eller nunna. Alla vet det, ingen behöver ens påpeka för dig att du gjort fel. En av dem är stöld, en annan är samlag, en tredje att orsaka en annan människas död, och en fjärde att medvetet ljuga om att man har uppnått nivåer av extraordinär andlig utveckling, trots att man inte har det.

Några av de vanligaste frågorna jag fått sedan jag kom hem handlar om celibat och att avstå onani under en sådan lång tid. Många män undrar till exempel om det räknas med utlösning i sömnen. Inga sådana automatiska kroppsliga reaktioner räknas. Thailändarna är generellt sett väldigt förlåtande kring kroppsliga ofullkomligheter. Smärre förseelser inom det området skapar mest genans och lite fnissighet men skambeläggs inte särskilt hårt. Det anses högst mänskligt. Samlag var dock fullständigt otänkbart. Personligen tror jag inte att celibat är viktigt för andlig utveckling, men det var helt enkelt en del av upplägget. Det fanns många regler som man kunde ha synpunkter på men väljer man att gå med i den här typen av gemenskap så får man liksom köpa hela paketet.

Ända sedan Buddhas tid har traditionen bland munkarna varit att man samlas varannan vecka, vid fullmåne och nymåne. Det är som en mini-högtid inför vilken alla rakar huvudet och pryder meditationshallen lite extra med lotusblommor och rökelser. Det är också då de långa regel-recitationerna görs. Men innan det börjar så sätter man sig tillsammans två och två, på knä mittemot varandra, och bekänner om man fuskat eller varit lite i gråzonen kring några munkregler. Om man till exempel hade dödat en mygga fastän man vet att man inte borde så kunde man berätta det då, men om man brutit mot någon av de allvarligare reglerna behövde man ta upp det senare inför hela gruppen.

Buddhan menade att det finns två sätt att ha ett rent hjärta: Antingen har man inte gjort något fel, eller så har man bekänt det man har gjort. Lite som en bikt. Hade man exempelvis tillfredsställt sig själv sexuellt, på ett enligt traditionen olämpligt sätt, så fick man tala om det för hela munkgruppen. Ofta var det samma personer som kom med bekännelser varje gång. Samma munkar som lite skamset kröp fram på knä i gruppen i månljuset och mumlade något i stil med *"det kan väl möjligtvis hända att det kanske förekommit att jag hrm ..."*.

Just detta var förstås lite komiskt men det var också sammansvetsande att se och känna igen sig i de andras misslyckanden. Man stod inte ensam i sin otillräcklighet. Och så fort man hade sagt det högt så lättade det faktiskt lite inombords.

Vi västerländska munkar hade dessutom tagit initiativ till att regelbundet hålla så kallade *heart meetings*, där vi delade våra tankar och upplevelser med varandra. Vi kände att det kompletterade den buddhistiska livsstilen. Under dessa möten använde vi en vajra (en liten tibetansk, buddhistisk symbol) och personen som höll i den berättade vad som varit svårt och utmanande eller glädjande sedan sist. Ingen annan avbröt, kommenterade eller analyserade vad någon sa, utan var och en talade från sitt hjärta medan de andra lyssnade öppet. Thailändarna skrattade lite åt att vi hade sådana här samlingar, eftersom de tyckte att de var så västerländskt konstruerade och uppstyrda. För dem var det mer naturligt att prata med varandra om sådant även utan ett inplanerat möte. Men de deltog ändå och ofta var detta väldigt fina stunder som stärkte vår gemenskap.

Den thailändska skogstraditionen uppstod som en reaktion mot att de flesta munkar och nunnor inte längre levde som Buddhan avsett. Därför utmärks en skogsmunks liv av fokuset på meditation, enkelhet och etik. Vi bodde i små hyddor på höga stolpar utspridda i djungeln. Vi sov på en enkel bastmatta. Vi åt bara en gång om dagen. Vi hanterade inte pengar överhuvudtaget. Vi levde i celibat. Det var mycket nytt att vänja sig vid.

Och så var det ju meditationen. Det var inte så att jag var som klippt och skuren för att vara munk, med tanke på att jag kanske var århundradets sämsta meditatör. Jag kunde inte sitta med benen i kors och meditera i mer än 30–45 minuter innan jag somnade. Och att inte dras med i tankecirkusen var ju som bekant en utmaning sedan tidigare. Det tog många, många år för mig att lära mig behärska det där, trots den intensiva träningen, med många timmars meditation varje dag. Såhär kunde det låta inombords när vi samlades halv fyra på morgonen för att meditera:

Okej, ett andetag i taget. Allt annat kan jag släppa nu. In. Ut. In. Ut. Undrar hur lång tid det tar att bli upplyst? För Buddhan tog det ju bara sex år. Men han hade säkert åtskilliga liv av klockren karma bakom sig. Jag vet inte riktigt hur min karma ser ut. Men klockren kan den väl knappast kallas. Undrar hur många öl jag druckit, bara i det här livet? Fem tusen? Tio tusen? Om man ställer en back ovanpå en annan, hur hög blir då stapeln? Låt mig se ... Nej! Nej! Fokusera, grabben, fokusera! Nu kör vi! Medveten närvaro är aldrig längre bort än nästa andetag. Tålamod, tålamod. Rom byggdes inte på en dag. Sitt som zenmunkarna i Japan. Zen, ja ... De har klass. De har stil. Snyggare statyer. Rakare ryggar. Kalligrafi. Haikudiktning. Stenträdgårdar. Jag tror att de tar sig ett järn då och då också ... Nej men! Hallå!? Sluta spekulera! Börja närvara! Andas in. Andas ut. Ah. Här kommer stillheten. Aj! Vad hände!? Slog någon just till mig med något hårt i pannan? Det är väl inte möjligt? Jag öppnar ögonen. Kakelgolvet är fem centimeter bort. *Oj då. Jag måste ha somnat, fallit framåt och slagit pannan i golvet. Pinsamt. Undrar om någon såg?*

Trots alla utmaningar så tvivlade jag aldrig på att jag hade gjort rätt val när jag bestämde mig för att bli munk. Den här rösten inuti, som så länge viskat att *"livet är någon annanstans"*, den hade äntligen tystnat.

I västvärlden, inte minst inom näringslivet, hade jag lärt mig att intellektet trumfar i princip allt. Men här fick jag en övertygande bekräftelse på det jag hade misstänkt – att vi människor har så mycket mer att tillgå. Det finns en intelligens som inte bara sitter i huvudet, som är meningsfull att vända sig till. Den kloka rösten inombords, som hade tagit mig ända hit, den är värdefull att lyssna på.

För första gången i livet upplevde jag att världen omkring mig tyckte att samma saker var viktigast, som jag tyckte: Att vara helt närvarande i allt man gör. Att tala sanning. Att hjälpa varandra. Och att lita mer på tystnaden än på tankesurret. Det var som att komma hem.

KAPITEL 9

Ögonblickets intelligens

VÅR THAILÄNDSKA SKOGSTRADITION startades av en påfallande gladlynt munk som hette Ajahn Chah. Hans andliga uppvaknande, i kombination med hans humoristiska och kärleksfulla personlighet, inspirerade många och gjorde att folk drogs till honom. På 60- och 70-talet blev han alltmer populär i buddhistiska kretsar, inte minst bland gamla hippies som tidigare hade hållit till i Indien, och många sökte sig till Ajahn Chahs kloster i nordöstra Thailand. Eftersom den thailändska dialekten är så svår i dessa områden, samt då många av Ajahn Chahs följare var utländska, så växte behovet av ett engelsktalande kloster fram. Efter en tid donerades mark i närheten till just detta ändamål och på så vis växte vårt, för tiden helt unika, internationella skogskloster fram.

Ajahn Chah var något av en andlig hjälte för många av oss. Han hade ett otroligt brett ansikte och ett precis lika brett leende som fanns där nästan hela tiden. Så hur kunde vi inte kalla honom *The Bullfrog*, Paddan?

En gång satt Ajahn Chah på en liten bambubrits utanför klostret i djungeln, med några munkar och nunnor omkring sig. Han tog upp en djungelkniv. Han höll upp kniven framför sig och sa något i stil med:

Vet ni vad? Vårt intellekt har vissa likheter med den här djungelkniven. Tänk er själva, om jag skulle använda den här kniven hela tiden, för att skära i plast, betong, glas, metall, trä och sten, då skulle den väldigt snart bli oerhört slö, inte kunna göra sitt jobb effektivt. Men om jag däremot lät djungelkniven vila i sitt skydd förutom när det var dags att skära i trä eller bambu, då skulle den göra sitt jobb skarpt, snabbt och effektivt under en lång, lång tid.

Jag gillar den liknelsen. För att mitt intellekt ska vara så funktionellt som det kan vara, så skarpt och effektivt som jag önskar, så behöver det få vila ibland.

Det är så lätt att glömma att vi människor har fler än ett sätt att komma fram till saker. Det är så lätt att glömma att vår rationella sida inte är det *enda* verktyget vi har i lådan. Den sidan är visserligen fin och viktig hos oss. Mycket gott och betydelsefullt har kommit ut av det: teknik, vetenskap, sjukvård, demokrati, jämställdhet – mängder av värdefulla idéer och system. Men vi slutar inte där. Vi har också ett annat sätt att förstå och komma fram till saker. Vi har *inspirerade ögonblick*. Buddhisterna kallar detta för visdom. Och de gör en väldigt tydlig, nära koppling mellan meditation och visdom.

Ibland när jag lyssnar inåt står saker plötsligt klart för mig. Det var precis vad som hände mig den där söndagseftermiddagen i soffan i Spanien. En del kallar det att följa sitt hjärta, en del säger intuition. Jag tycker själv om att kalla det för *ögonblickets intelligens*. Det spelar ingen roll vad vi kallar det eller hur vi hittar dit. Men det spelar roll att inse att vi människor har den här förmågan. Vi kan alla, just för att vi är människor, lyssna efter vår klokaste röst. Den finns där inne. Alltför många missar den. Inte minst i de tider vi nu lever i och där det är så lätt att söka alla svar utifrån. Det har nog aldrig varit så svårt, aldrig krävt så mycket av oss själva, som nu, att låta intellektet vila ibland och att stilla bara vända sig inåt och lyssna.

Det är väldigt lätt att vi fastnar i jakten på externa lyckoskapare. Det var precis vad jag gjorde som ung vuxen och det kan finnas inslag av det i mig än idag. Dragningskraften är stark. Att se lyckad ut i andras ögon, till exempel genom en till synes framgångsrik karriär, kan ge en skjuts åt egot ett tag. Men om man stannar upp och tänker efter så inser man snart att det är lite som att försöka livnära sig på smågodis. Det är färgglatt, kul och gott i stunden. Men det ger ingen bestående näring.

Vi har alla tillgång till ögonblickets intelligens. Alla har vi en finstämd, lågmäld kompass inom oss. Det gäller bara att lyssna extra uppmärksamt, för den rösten pratar tystare än egot. Egot överröstar gärna med sina mer skräniga budskap. Därför finns det en poäng med att ställa in frekvensen på en annan våglängd för en stund. Att på det sätt som passar oss hitta stunder av stillhet i vår vardag. Det är en fantastisk förmåga, värd att ta vara på. Om vi inte gör det så kommer uppmärksamheten gå till det som skriker högst. Det blir drama. Det blir motsättningar. Det blir oro och missnöje. En ständig kamp med verkligheten.

Att lyssna till sin inre röst är inte icke-rationellt, det *inkluderar* det rationella. Det betyder inte att helt nya tankar eller ingivelser slår ner som en blixt från klar himmel. Det kan mycket väl inbegripa att man har gått och grunnat på något länge. Så var det även för mig när jag bestämde mig för att säga upp mig från det där fina jobbet. Självklart hade tankarna legat och gnagt någonstans i bakhuvudet. Men det är som bekant jobbigt att ifrågasätta något som man har investerat mycket tid och ambition i. Det är svårt att ge upp något som ser rätt och riktigt ut på pappret, må det vara ett jobb, en relation, en livsstil. Men när jag släpper taget om tankarna lite, låter dem flöda friare, så kan jag göra plats åt en sannare övertygelse. Först då, när jag låter den klokare rösten inom mig komma till tals, så tenderar själva beslutet att dyka upp. Jag har inte *resonerat* mig fram till att jag ska göra si eller så. Det är inte en tanke som har lett till en tanke som har lett till en slutsats. Det står bara klart för mig, i ett stilla ögonblick när jag har tillgång till lite mer av mig själv.

Eller som en klok man som hette Albert Einstein en gång sa:

"Förnuftet är en tjänare. Intuitionen är en gåva. Vår kultur har gjort tjänaren till mästare, och glömt gåvan."

KAPITEL 10

Det excentriska kollektivet

NÄR JAG BESTÄMDE mig för att bli munk bar jag på ett antal föreställningar om hur ett buddhistkloster skulle se ut och hur det skulle vara där. Många av dem fick jag revidera.

För det första skiljer sig utformningen väldigt mycket från kloster till kloster. Det finns allt ifrån slitna, stökiga kloster mitt i bostadsområden till mer naturnära och vackra anläggningar, med glest belägna små bambuhyddor. Dessutom insåg jag snabbt att oavsett vilket kloster jag skulle befinna mig i, så behövde jag överge en av mina bevekelsegrunder för att alls bli munk – nämligen idén om att jag nu skulle få vara ifred. Verkligen ifred.

Efter bara några veckor stod det klart för mig att jag hade klivit in i ett dygnet runt-kollektiv, bestående av några av de mest excentriska människor jag har mött i hela mitt liv. Vi fick inte välja vilka vi skulle leva och bo med. Vi bytte rum eller hydda en gång i månaden, dels för att man inte skulle hålla för hårt om något som "sitt eget" och dels för att folk kom och gick väldigt mycket. De som man tyckte om kunde plötsligt lämna klostret medan de som man hade svårt för stannade för evigt, tycktes det. Social träning skulle visst komma att bli en central del av mitt munkliv. *Det* hade jag inte räknat med.

I början var detta en stor utmaning för mig. Jag hade en tendens att jämföra mig mycket med de andra munkarna. Jag plågade mig själv med tankar såsom: *"Du är inte lika intelligent som Sujato. Du är inte lika inkännande som Nyanarato. Inte lika tålmodig som Tejapañño. Inte lika närvarande som Chandako."* Samtidigt hade jag synpunkter på alla. Folk kan ju vara så jobbiga! Jag retade mig på dem, blev upprörd när de inte var som jag tyckte att de borde vara. Men efter ett tag såg jag smärtan i allt motstånd som jag skapade i mig själv. Sakta men säkert så var det någonting i mig som blev lite mer generöst. Jag lärde mig att inte *tycka* lika mycket om andra, att låta dem vara som de är. Vår abbot uppmanade oss att tänka på det såhär:

Vi är som små stenar som har spolats upp i strandbrynet. När vi hamnar där är vi ganska grova och kantiga. Sedan rullar livets vågor in. Och om vi orkar ligga kvar och nötas och stötas och blötas mot de andra stenarna i strandbrynet, så kommer våra skarpa kanter sakta men säkert poleras bort. Vi blir rundade och mjuka, vi plockar upp ljuset och vi börjar skina.

Det är mänskligt att störa sig på andra. Vi gör det allihop. Men det kostar mycket energi. Det kan bli onödigt dyrt och dränerande. Jag kan glädja dig med att det finns en lösning på problemet. Vill du att någon ska vara lätt att ha att göra med, vara på ett sätt så att du inte har några större invändningar mot dem, så finns det egentligen bara en, hemlig liten nyckel till det: Att lära sig att tycka om dem *precis som de är.*

För när har någon, i hela universums historia, någonsin

blivit mer som du eller jag tycker att de borde vara, för att vi går omkring och tänker att de borde det? Och ändå slutar vi inte! Det är häpnadsväckande och nästan lite gulligt. Vi tror att vi är allsmäktiga. *"Jag vet bäst hur alla ska vara, och jag tänker lida psykologiskt om de inte är så."* Vilken roll att ta på sig!

Människor har långa bullshit-antenner. Vi känner på oss när någon går och bär på reservationer. Det gör oss osäkra och osäkerheten gör att vi blir på vår vakt. Vi blir mindre lyhörda, mindre känslomässigt påkopplade. Och även åt andra hållet: Vi känner på oss när någon ser ut att tänka: *Hej! Välkommen som du är, fint att du är du. Du behöver inte vara på något annat sätt, jag har plats för dina egensinnigheter, dina yviga och excentriska sidor, dina udda mönster, du är fullt välkommen precis som du är i min värld. Här finns utrymme.*

Tänk att bli bemött på det sättet istället. Då blir man automatiskt lättare att ha att göra med.

Vi kan nå långt genom att låta varandra vara som vi är, genom att acceptera varandra. Då ger vi varandra möjlighet att kliva fram i hela vår styrka, med alla våra talanger och bli en skönare version av oss själva. När man kan vila i känslan av att vara accepterad som man är blir det lättare att vara lyhörd. Man klarar att svara an mot sin omgivning på ett mer fingertoppskänsligt vis.

Såna här saker blir extra tydliga när man lever i ett kollektiv – inte minst i ett kollektiv som på heltid ägnar sig åt andlig och personlig utveckling. De personer som jag hade allra svårast för i början kom jag ofta att tycka extra mycket om senare, när jag hade genomarbetat mina svårigheter med dem. Vi hade en munk från Oklahoma som hatade mig obrutet i fyra år. Dagligen, uttryckligen, oreserverat. Det är nästan lite ironiskt såhär i retrospektiv eftersom jag alltid varit en person som brytt mig för mycket om vad andra tycker om mig. Jag har fått träna hårt på den biten. Jag *behövde* någon som hatade mig, just för att se hur hopplöst det är att hela tiden försöka få alla att gilla mig.

Så det fanns många fördelar med att leva i kollektiv också. En av mina omedelbara favoritaspekter med klosterlivet var den genomgående inkluderingen. Jag tycker om att alla får vara med. Man behöver inte vara smart för att bli munk eller nunna. Man behöver inte vara duktig i skolan eller ens vara särskilt psykologiskt mogen för att ingå i klostret. Allt som behövs är att du visar din goda avsikt och gör vad du kan.

Kulturen i ett kloster inom skogstraditionen är baserad på konsensus. Munkarna eller nunnorna som bor där måste alla uttrycka till varandra att *"Jag är beredd att jobba med dig. Du behöver inte vara perfekt, du behöver inte vara intellektuellt slipad, jag behöver inte ens gilla dig. Men jag är beredd att samarbeta med dig."* Det var en bärande del av klosterlivet, att hjälpas åt med allt. Och i våra sysslor fanns hela tiden en grundton som jag tyckte mycket om: Vad du än gör, var närvarande i det. Ingen aktivitet är mer värd än någon annan. Det är inte *bättre* eller *finare* att hålla ett föredrag för sjuksköterskor från det lokala sjukhuset än att sopa en stig, än att diska, än att städa.

Så även om det inte blev som jag hade tänkt mig innan så blev det precis som det skulle. Vi lärde oss att leva tillsammans genom att göra just det. Och våg för våg orkade vi ligga kvar i vattenbrynet och slipa våra kanter mot varandra för att mjukna.

KAPITEL 11

Rytmen i ett skogskloster

VID MINA FÖRÄLDRARS första besök i klostret hade jag varit munk i ett år. Jag var minst sagt nyfrälst vid den här tiden och helt uppslukad av det nya livet. Jag kände att jag hade hittat *det* och att jag hade tillgång till svaren på *allt*. Det fanns i min värld inte några viktiga frågor som Buddhan inte hade svar på. Men vad skulle mamma och pappa tycka?

Pappa verkade mest ägna tiden åt att hitta bra ställen att smygröka på eftersom rökning var förbjudet på hela klosterområdet. När de hade varit där i tre dagar kunde jag inte hålla mig längre:

"Pappa, vad tycker du nu då, om stället du har hamnat på och livet vi lever här?"

Pappa tittade på mig, tog ett bloss på sin cigarett och sa:

"Alltså, det är lite som scouterna. Fast med mer moral."

Mamma var mer praktisk i sitt förhållande till klosterlivet. Första morgonen, när hon gick in mot köket från det lilla huset de fick bo i, i klostrets utkanter, kom hon bärandes på en halv kvadratmeterstor vakuumförpackad laxsida. Hon klev in i det mycket enkla klosterköket där maten lagades över öppen eld och utbrast:

"Nu blir det laxsnittar till alla munkar och nunnor!"

Hovmästarsåsen hade hon såklart tagit med sig hela vägen från Sverige.

Innan vi skulle äta den dagen märkte jag på mamma att hon var väldigt angelägen om att prata med vår lärare, seniormunken Ajahn Passano. Samtidigt förstod hon att det är ganska högtidligt inför måltiden i ett thailändskt kloster och att det inte passar att störa då. Munkarna (och de nunnor som eventuellt finns) sitter och sjunger en välsignelse innan maten, sedan äter de i tystnad. Gästerna passar då på att gå ut i köket och där är det en helt annan stämning och nästintill fest.

Far- och mormödrarna från byarna omkring använder klostret som ett socialt center. De kommer till klostret om morgnarna, tar med sig barnbarnen, och uppehåller sig mestadels i köket där de umgås och hjälper till med matlagningen. De var snälla nog att göra något slags grönsakswok så ofta de kunde, eftersom de visste att de flesta av oss västerlänningar föredrog vegetarisk mat, vilket annars var ovanligt förekommande på den thailändska landsbygden. Mamma älskade umgänget i klosterköket. Hon tycker mycket om barn, att vara social och kände sig som hemma där även om hon inte förstod ett ord av det som sades.

Så fort alla munkarna hade ätit färdigt och vår kanadensiske lärare Ajahn Passano hade lagt ifrån sig sin sked, så passade mamma på att smita fram till honom och börja prata:

"Hej, jag heter Kylle, jag är Natthikos mamma. Hur lång tid tog det innan du kom hem och besökte dina föräldrar efter att du blev munk?"

Ajahn Passano svarade: "Oj, kära Kylle, vad olyckligt att just detta var din första fråga. För vet du vad, jag var bara tre år gammal som munk när de frågade mig om jag kunde bli abbot här. Det är inget populärt jobb. Man blir upptagen hela tiden och blir allas projektionsyta. Människor som kommer hit för att bli munkar och nunnor har gett upp väldigt mycket och de har stora förhoppningar såväl som farhågor. Så det är ganska laddat att inneha den positionen. Man blir som en offentlig person och får ta stort ansvar. Och de flesta av oss har ju kommit hit för att leva ett mera stillsamt och tillbakadraget liv. Men jag kände att det enda rakryggade att göra, om ingen annan ville göra det, var att ta det ansvaret och tacka ja. Sedan blev jag så upptagen i tolv år, så jag hade inte en enda vecka ledigt. Därför tog det sexton år innan jag åkte hem och besökte min familj."

Detta var *inte* vad mamma ville höra. Jag hörde inte exakt vad hon sa, men hennes min utstrålade något i stil med att:

"Du kan ju glömma att det kommer ta så lång tid innan Björn kommer hem och hälsar på."

Ordet *abbot* blir lite olyckligt översatt på svenska eftersom det låter så kristet. Det är lätt att associera till en liten rundlagd, medeltida munk som ystar ost. Men jag har inte kommit på någon bättre översättning för att beskriva klostrets ledare så därför använder jag ändå ordet. Det förklarar vem som är högsta hönset. Därutöver finns seniormunkar. Det blir alla som varit med i minst tio år. Då får man också epitetet *Ajahn*, som egentligen är thailändska för lärare.

Vårt kloster var väldigt speciellt eftersom det samlade

munkar från så många olika länder och ibland blev kulturkrockarna särskilt tydliga. Den hierarkiska indelningen var ett sådant område, där de västerländska respektive de sydostasiatiska munkarna kom från två helt olika system. Thailand är av tradition patriarkalt och hierarkiskt. Munkarna därifrån, och från kringliggande länder, kommer till klostret med paradigmet *familjen*. Abboten blir "pappa". I det synsättet är en stark hierarki något normalt och det medför en mycket naturlig tillit till ledaren, fadersfiguren. Vi västerländska munkar hade istället med oss paradigmet *jobbet*, varför abboten snarare blir "chefen". Detta innebär en lägre grad av automatisk tillit och en annan inställning till förpliktelser och arbetsordning.

En annan sak som genomsyrar Thailand är att det är väldigt hjärtstyrt. Det är helt okej att bara säga *"det här känns inte bra"*, om något som ska göras eller bestämmas. Vi som var präglade av västvärldens organisationskultur hade lite svårt att förstå att ett sådant argument kunde få tillräckligt med tyngd.

Klosterlivet i Thailand var rutinmässigt och relativt förutsägbart. Det gjorde tillvaron naturligt vilsam. Man utsätts för mycket färre intryck än vad vi gör en vanlig dag i västvärlden, så man blir inte alls lika utmattad i sinnet. Det är påtagligt att hjärnan inte har lika mycket att processa hela tiden.

Klockan klingade 03:00 på morgonen. En halvtimme senare samlades alla i en av våra två meditationshallar. Jag vande mig aldrig riktigt vid att gå den här nattliga promenaden där varenda trädrot som slingrande växte fram över stigen såg ut som en orm i mörkret. Ibland *var* det dessutom en orm, så det fanns ingen anledning att försöka övertyga sig själv om att det bara var inbillning. Eftersom det fanns en viss prestige i att ha så få ägodelar som möjligt var det några munkar som envisades med att gå stigen såväl barfota som utan ficklampa. Två gånger trampade jag på ormar och båda gångerna blev jag tämligen skärrad. Det är inga hasselsnokar vi har att göra med. Någon som försökte lugna mig efteråt menade att anledningen till att ormen var så långsam och inte hann hugga efter mig var att detta var en av de giftigaste ormarna och de behöver inte vara så snabba.

"Okej, tack, nu känns det mycket bättre."

Meditationshallen utanför djungeln hade öppna väggar, så att vinden kunde blåsa igenom. Pelare bar upp taket och på ena änden av det kakelbeklädda golvet stod en gyllene Buddhastaty. För att hålla myggorna borta fanns det flera, ovanligt vackra fläktar i taket. När vi steg in i salen bugade vi, knästående. Det påminner om en muslimsk bugning, med fötterna och knäna i marken, varefter vi sakta förde handflatorna och pannan mot golvet.

Denna rituella bugning gällde inte endast i meditationshallen. Konventionen i ett skogskloster är att när du sätter dig i ett rum, vilket som helst där det finns en buddhastaty, så bugar du först tre gånger till statyn. Och när du reser dig i ett rum där det finns en buddhastaty så bugar du först tre gånger till statyn. Eftersom man sätter sig i rum ganska ofta, och eftersom i stort sett alla rum i ett skogskloster innehåller minst en buddhastaty, så bugade man väldigt,

väldigt mycket. Att buga var från början mest en ovanlig och märklig gest för mig. Men med tiden blev den alltmer betydelsefull.

Buddhan var väldigt klok och tydlig kring förhållningssättet till ceremonier. En ritual eller ceremoni har ingen absolut betydelse. Vi *ger* den betydelse. Som munk eller nunna ska du ge handlingarna i ditt liv en betydelse som är meningsfull för *dig*.

För mig gav bugandet så småningom en känsla av växande tillförsikt, en alltmer närvarande övertygelse om att det finns en klokare och visare källa att tillgå än mitt eget skrikande lilla ego.

Efter den inledande bugningen sjöng vi. Till skillnad från Jesus så hade Buddha 45 år på sig att dela med sig av upptäckterna han gjorde från 35 års ålder och framåt. Och tiotusentals nunnor och munkar i hans samtid hade som ett slags hobby att memorera det Buddhan sa när han svarade på församlingens frågor. Således har Buddhans ord och budskap bevarats ända sedan dess, genom en rik samling sånger och texter. Efter sångstunden påbörjades en längre meditation, den första för dagen.

Man får inte lämna klosterområdet förrän det är gryning, men när solen väl börjar gå upp är det dags för allmoserunda – min favoritstund på dagen. Vi gick i grupper om fem–sex personer åt olika håll. Alltid barfota, på led, tyst genom byarna. Alla hade med sig en skål som bars med ett band runt halsen. De som ville och kunde stödja oss med lagad mat stod i regel förberedda ute vid vägen, eller så ropade de inifrån huset att de skulle komma snart och bad oss snällt att vänta en liten stund.

När rundan var klar gick vi tillbaka till klostret med de gåvor vi hade fått. Det kunde vara frukt, ris, ägg, plastpåsar med färdiga varmrätter, efterrätter inslagna i bananblad. Ingen mat är personlig egendom, allt är gemensamt och lämnas på enorma emaljfat som sedan tas till köket. Där tillagas det som behöver tillagas, varefter allt läggs upp fint innan servering. Kanske är det några från en närliggande by som har en födelsedag inom familjen, eller en högtid för att en kär familjemedlem har sin dödsdag. Då kommer den familjen ofta till klostret och bjuder på något.

Vi hade alltid gott om mat i klostret. Det räckte och blev över. Självklart var lokalbefolkningen välkomna att komma till klosterköket och få sig ett mål mat också, de som behövde eller bara ville. Den här delen av Thailand var trots allt mycket fattig. Detsamma gällde de många donationer som vi fick – allt som blev över gavs vidare. Och eftersom vårt kloster hade så gott rykte hade vi många supporters, även rikt folk från storstäderna, som gärna bidrog till donationslådan. Tack vare det hade våra kloster till exempel haft möjlighet att finansiera den största sjukhusflygeln på det lokala sjukhuset. Så det var en fin omfördelning av resurser och ömsesidigt beroende mellan oss och lokalbefolkningen.

Klockan 08:30 slog vi oss ner för dagens måltid. Det tog åratal innan jag vande mig vid att bara äta en gång om dagen! I början kunde jag göra långa gående meditationer och tänka uteslutande på pizza och glass. Sista halvtimmen innan maten serverades förväntades man sitta och samla sig på plats i meditationshallen bredvid köket. Där åt alla munkar och det fåtal nunnor som eventuellt var där samt gäster som varit i klostret längre än tre dagar. Tanken är att man ska vara närvarande i sin måltid. Det är en viktig del av den kontemplativa stämning som råder. Man sitter på en knähög avsats och äter, tyst och uppmärksamt. Matplatserna är ordnade efter senioritet. Den som har varit munk längst sitter närmast Buddhan och är den som får mat först.

Efter måltiden har klockan hunnit bli 09:30. Då har alla munkar "egentid" fram till klockan 15:00. Många gjorde gående meditation en stor del av tiden. Det var min favoritaktivitet. Annars kunde man göra sittande meditation, yoga, thai chi, studera, läsa, skriva, skvallra, städa, tvätta kläder, sova siesta.

Mellan klockan 15:00 och 17:00 hade vi vårt arbetspass. Ofta innebar passet hårt fysiskt arbete. Vi bodde ju i en tropisk djungel så det fanns mycket växtlighet att hålla undan och ta hand om. Ibland kunde man se uppåt hundra personer ståendes på ett långt led och langa små hinkar med cement. Alltid var det något som skulle byggas, fixas, repareras. Det kunde också handla om att se över filtret i tanken där vi samlade regnvatten eller att arbeta vid datorn med att förnya visum.

En syssla som ofta föll på mig var att ta hand om de många gäster som kom. Vi hade alla olika ansvarsområden, i längre eller kortare perioder, och halva mitt munkliv var jag gästmunk. Jag fick användning av att jag kunde tala sex språk och jag tyckte i huvudsak att det var en trevlig uppgift även om man fick vara beredd på att bli störd ofta. Eftersom vårt kloster var helt unikt i sin internationella prägel så var det ett väldigt populärt besöksmål. Nästan dagligen anlände turistbussar och andra som ville se hur vi levde. Många thailändare tyckte att det var *otroligt* exotiskt med västerländska munkar. Att vara munk anses mycket svårt redan för en thailändare. Och så kommer *de*, från väst och ger upp allt de har för att leva såhär. Och de klarar det! Det var thailändarna ofta extremt imponerade av och stolta över.

Klockan 17:00 kom den utomordentligt efterlängtade te- och kaffestunden. Vi har då inte druckit något annat än vatten sedan klockan 09:00 på morgonen, så de söta, varma dryckerna var högst välkomna vid den här tiden. Personligen hade jag ett gravt kaffeberoende, som förstås var kopplat till mina kolossala utmaningar att hålla mig vaken. Det var ofta kul och mysigt på te-stunden. Ibland var det frågestund, ibland kunde läraren bara sitta och filosofera högt för oss andra.

Vid 18:30–19:00 gick vi och diskade våra koppar. Då var det bra för mig att meditera en stund eftersom jag hade kaffe i kroppen och därför inte somnade lika lätt. Halv åtta samlades vi alla igen i meditationshallen och gjorde ungefär samma rutin som på morgonen – bugade, sjöng, mediterade. En normal dag var vi klara vid niotiden. Någon gång i veckan höll läraren ett kvällsföredrag, så då hann klockan bli framåt tio innan vi gick och lade oss.

Jag minns en av kvällarna efter te-stunden särskilt väl. Jag hade som vanligt gått för att meditera en stund själv. Klockan närmade sig sju och det var mörkt så när som på några levande ljus. Jag satt där helt ensam när jag hörde en röst bakom axeln. Det var min munkkompis som kom för att säga att det var någon i köket som frågade efter mig. Det var högst ovanligt att vi störde varandra under meditationer så jag undrade förstås vem denna någon var, men han ville inte säga så mycket om saken. Vi tog våra ficklampor och lyste oss tillbaka längs stigen till köksbyggnaden.

Jag kunde på håll urskilja konturerna av två människor i dunklet, och när vi kom nära tändes en stark spotlight. Jag blev alldeles bländad och började klippa med ögonen men uppfattade att någon stack en stor luddig sak under min näsa. Jag kände igen det som en mikrofon med puffskydd och när jag tittade upp såg jag personen som höll den. Det var ett ansikte som jag sett förut och i all min buddhistiska djupsinnighet fick jag ur mig:

"Jag har sett dig på tv!" Det var Stina Dabrowski.

Stina skulle egentligen ha intervjuat den thailändska kungen men han hade avbokat deras möte kort innan, när det lilla tv-teamet redan var på plats i landet. Någon på svenska konsulatet hade då berättat för dem om en svensk, före detta civilekonom, som lekte skogsmunk uppe vid thailändska gränsen till Laos och Kambodja. Stina och hennes filmare chansade på att ett besök i vårt kloster kunde göra resan värd istället. De stannade med oss ett dygn och Stina hakade på allmoserundan nästa morgon. Hon gav var och en av oss några bananer i våra skålar.

Efter frukosten hade Stina och hennes filmare förberett en fin plats i djungeln med en matta utlagd på marken så att vi kunde sitta där medan hon intervjuade mig. Stina hade en blandad reaktion på de intryck hon fick i klostret: Å ena sidan upplevde hon det som ett genomschyst ställe där folk är snälla, lyssnar på varandra, hjälps åt och rör sig mjukt och lugnt fram. Folk är kort sagt närvarande. Och det är lätt att gilla. Å andra sidan hade ju klosterinvånarna vänt sig bort från allt som "vanliga människor" verkar prioritera i livet, allt från fredagsölen och finmiddagar med vänner till att skaffa barn eller ha ett samliv. Det valet kan ofta provocera.

Kanske var det den lite provocerade delen av Stina som drev på när hon som en del av intervjun ställde frågan:

"Men Björn, hur skulle det gå om alla blev munkar och nunnor?"

Jag svarade lugnt:

"Stina, jag tror att det skulle gå minst lika bra som om alla blev programledare."

KAPITEL 12

Kitschig visdom

DET KAN VARA svårt att föreställa sig hur oerhört *lite* stimulans det finns i ett skogskloster i Thailand. Vi hade förstås ingen av den underhållning eller populärkultur som vi är så vana att roa oss med i det västerländska livet. De mest lästa böckerna i klosterbiblioteket var de som min bror hade den goda smaken att skicka till mig varje år i födelsedagspresent och julklapp, nämligen seriealbum med Kalle och Hobbe. Vi var överraskande många som uppskattade dessa litterära verk. Om du visste hur tummade och slitna de var! En munk som var särskilt förtjust i Kalle och Hobbe var Kondañño. En rolig egenhet med honom var att han var *helt* ointresserad av allt som hade med meditation och buddhism att göra. Han gillade egentligen bara de praktiska inslagen i munklivet. Till exempel att bygga saker. Samt att läsa serietidningar.

En dag satt jag i meditationssalen och väntade på att vi skulle äta. Som jag tidigare nämnde är det lätt hänt att bli väldigt fokuserad på mat när man fastar 23,5 timmar om dygnet. Jag var närmast besatt. Så jag satt förväntansfullt och noterade att min favoritefterrätt fanns med på buffén just denna dag – ett slags klibbigt, tjockt ris, kokat i kokosgrädde, med solmogen, färsk mango till. Tanken på desserten gjorde det extra svårt för mig att vila i tacksamhet över den mat som givits oss. Jag ägnade mig mest åt att göra en kalkyl över huruvida det skulle räcka även till mig. Eftersom jag vid det här laget var ganska nyanländ var det många som skulle ha mat före mig. Jag såg mig lite ängsligt om och försökte hitta något annat att tänka på för att släppa fixeringen vid mat. Då föll ögonen på en *väldigt* skrikig plastcylinder vid min högra sida.

På Handelshögskolan fick vi lära oss att för att en marknadsekonomi ska fungera bra så måste det finnas fritt informationsflöde, så att alla aktörer vet lika mycket. Klosterekonomin var på många sätt en väldigt *imperfekt* ekonomi. Den byggde helt och hållet på donationer, allmosor och generositet. Vi bad inte om någonting, med undantaget att vi fick svara om någon sa att de ville hjälpa oss och undrade på vilket sätt de bäst kunde göra det. Så i huvudsak kom folk med gåvor baserat vad de själva trodde att vi kunde behöva. Detta ledde bland annat till att vi hade ett *extremt* överskott på vissa produkter, till exempel toalettpapper. Vi hade enorma mängder toalettpapper! Kreativiteten visste ingen hejd när vi ständigt hittade på nya användningsområden för att ha glädje av allt papper.

En av klostrets förmögna Bangkok-supporters hade varit på en resa till Japan och där upptäckt att det fanns en plastcylinder med hål i som man kunde trä över toalettpappersrullen. Därefter lossade man kartongpappersrullen i mitten på toapappret och på så vis kunde man dra ut lagom långa bitar papper från hålet på cylindern och hade därmed perfekta servetter att tillgå utan att behöva ställa fram en toalettpappersrulle mitt på matbordet.

Det är väl knappast en underdrift att påstå att det i Asien i allmänhet, och kanske i Japan i synnerhet, finns en viss svaghet för kitsch. Nämnda plastcylinder var ett typexempel på detta. Så jag sitter där och blir närmast hypnotiserad av denna behållare i bjärt gult och starkt skrikande cerise, med Hello Kitty-tema.

Understimulerad som jag var tog jag upp den för att titta närmare, se om det stod någonting på den. Precis som när man var liten, innan mobiltelefonernas tid, då man satt och läste texten på mjölkpaketen vid frukostbordet. Och mycket riktigt. Längst ner, runt cylinderns fot, hittar jag till min glädje lite text på engelska. Texten löd, fritt översatt:

Kunskapen är stolt över allt den vet. Visdomen är ödmjuk inför allt den inte vet.

Där ser man! Tidlös visdom, inplanterad på en uppseendeväckande högljudd plastcylinder. Faktum är att det finns ett obestridligt värde i att inte fastna i huvudets tvärsäkerhet. Om du hela tiden lever i det du redan tycker dig veta så blir du otillgänglig, du går miste om så mycket. Vill vi få tillgång till en större klokskap så behöver vi släppa taget om en hel del av våra övertygelser och bli mer bekväma med att inte veta. Att tro sig veta är ofta ett stort problem. Att veta att man inte vet är egentligen aldrig något större problem.

Om vi bara lever i det vi redan tycker oss veta – hur ska vi då någonsin få syn på någonting nytt? Hur kan vi lära oss då? Hur kan vi flexa, improvisera, leka? Hur kan vi samtala på ett sätt så att ett plus ett blir tre?

Om du vill veta hur en person känns, som aldrig väljer att lyssna till sin klokaste röst, som kontinuerligt är hypnotiserad av sitt eget tankeflöde, som är obönhörligt tvärsäker, så låt mig ge dig ett pedagogiskt exempel från en av de stora västerländska visdomstraditionerna, nämligen Nalle Puh:

I just den här scenen så är Nalle Puh och Nasse ute och spankulerar tillsammans. Du kan säkert se det framför dig: Nalle Puh i sin korta, röda t-shirt och Nasse i sin lilla rosarandiga baddräkt. När de går förbi Ugglas hus stannar Nasse till, nästan lite överväldigad av hänförelse och beundran, tittar upp mot huset och säger: "Uggla vet väldigt mycket." Nalle Puh ser lite betänksam ut, men säger inget alls, och de börjar gå igen. En kort stund senare stannar Nalle Puh till, vänder sig till Nasse och säger: "Ja... Det är kanske därför han aldrig förstår någonting."

Vi känner alla igen det här. Människor som är fångade i dimman av sitt eget tänkande; de är inte närvarande. De är begränsade. Uggla må vara klok och kunnig. Men i frågan om jag vill leva mitt liv som Uggla eller som Nalle Puh så är svaret ganska enkelt, åtminstone för mig. Och jag tror att vi alla skulle vara betjänta av att hitta vår inre Nalle Puh. Att oftare möta vår omgivning med Nalle Puhs blick – storögt, vaket, i varsevarande.

Jag tycker sällan att det är roligt att berätta något för en "Uggla-person", någon som helt och hållet lever i det de redan tycker sig veta. Oftast känns det som att de inte riktigt lyssnar, utan mest håller på att formulera vad de själva ska säga så fort jag har slutat prata. De har också en tendens att kontinuerligt värdera det jag säger. Jag får godkänt för mina åsikter och perspektiv i den utsträckning som de bekräftar och rimmar med *deras* världsbild. Ingen magi uppstår där. Det är inte så kul att vara med en sådan människa, helt enkelt.

Och motsatsen – hur gott är det inte att berätta något för en människa med lite fri uppmärksamhet, någon som lyssnar öppet och nyfiket? Någon som kanske till och med tycks kapabel att ställa sig i dina skor en stund, gå vid din sida en stund, leva sig in i ditt en stund. Det lyssnandet är läkande på riktigt. När vi möts på det planet kan vi liksom upptäcka oss själva: *Oj, här står jag och berättar och förklarar, säger någonting som jag inte ens visste att jag tyckte, eller kände, tänkte. Vad spännande!* Ett öppet och ledigt lyssnande kan hjälpa oss att få tag på oss själva. Och det är ingen liten grej. Där finns det något.

Som säkert märkts vid det här laget så tycker jag mycket om historier. Jag vet inte var just den här kommer ifrån, men jag vill berätta den ändå. Den handlar om en man som går utmed en bergssida. Han har kommit en bra bit upp på berget redan och han ser hur brant det lutar. Det är en ganska smal stig och det har nyligen regnat, så det är blött på marken. På vägen ligger en rund sten, som blivit lite extra hal. Mannen ser den inte, utan kliver rakt på den, slinter och faller över kanten på berget. Han kastar desperat ut händerna för att kunna greppa om något. Mirakulöst nog lyckas han få tag i ett litet träd som växer horisontellt ut från klippsidan. Och där blir han hängandes.

Det här är en man som aldrig har varit andligt intresserad, aldrig gett uttryck för några religiösa övertygelser. Han hänger och hänger. Kraften börjar sakta gå ur armarna. De börjar darra. Det är femhundra meter luft under honom. Femhundra meter fritt fall. Till slut börjar han få panik för han inser att han inte kommer orka hålla i sig länge till. Så han vänder sig upp mot himlen, lite prövande:

"Hallå? Gud? Hör du mig? Jag skulle verkligen behöva lite hjälp, om det är så att du finns?"

Efter en stund hörs en myndig basröst från himlen:

"Det är jag som är Gud. Jag kan hjälpa dig. Men du måste göra precis som jag säger."

Mannen:

"Vad som helst, Gud, vad som helst!"

Gud:

"Släpp taget."

Mannen avvaktar i några sekunder och säger sedan:

"Ööööh ... Finns det någon annan där uppe?"

Den här historien talar till mig. För det är *precis* så jag känner när jag har fastnat i någon tvärsäker övertygelse. Jag *vill inte* släppa den här tanken, för den är *rätt*.

Det är väldigt lätt att vi hamnar i den här "logiken". Inte minst när vi mår dåligt. Vi har hakat upp oss på vissa bestämda tankar. Vi kanske kommer ihåg att vi läste i en bok någon gång att det är lätt att underskatta hur mycket våra tankar ställer till det för oss, hur mycket onödigt psykologiskt lidande vi genererar för oss själva, genom att tro på tankar som inte gör oss gott. Men så tänker vi i nästa sekund att: *"Ja, jo, det låter klokt. Fast den här tanken, den släpper jag aldrig. Den är sann, den är riktig."*

Ja, utifrån ditt begränsade perspektiv just då kanske den

är rätt och riktig. Men vad har den för *effekt* på dig?

Att öva på att släppa taget är en av mina allra viktigaste lärdomar. Den visdomen är så stor. Vi slutar aldrig ha glädje av att stärka oss på den punkten. Det enda sättet att bli av med en serie tankar som gör oss illa, som får oss att känna oss mindre, sämre, ensammare, räddare, ledsnare, argare – det är just att släppa taget om dem. *Även* om de är "rätt". Det där är naturligtvis lättare sagt än gjort. Men det är värt att notera att de tankar som vi har allra svårast att släppa taget om, ofta är de som tenderar att göra oss mest illa.

KAPITEL 13

Det magiska mantrat

EN GÅNG I veckan satt vi uppe och mediterade hela natten igenom. Ibland sjöng vi, ibland bugade vi, men merparten av tiden ägnades åt tyst meditation. Tillfället var ungefär som en buddhistisk söndag, ganska högtidligt. Jag såg alltid fram emot just den kvällen med skräckblandad glädje. Glädje, för att det var så vackert. Skräck, för att det var så svårt att hålla sig vaken.

Jag minns en kväll särskilt väl. Det är fullmåne. Stjärnklart. Vindstilla. Vi sitter i den vackra meditationshallen med stora, öppna fönster utan glas. Den tropiska naturskogen utanför bjuder på en häpnadsväckande mångfald av ljud: fåglar, insekter, prasslet av löv när djur rör sig fram över marken. Den välbekanta lukten av rökelse och tigerbalsam kommer och går. Templets innanmäte lyses upp av hundratals stearinljus. Salen är vackert utsmyckad med lotusblommor kvällen till ära och längst fram sitter två gigantiska, nypolerade mässingsbuddhor och skiner. De är cirka tre meter höga och varje vecka, dagen innan en sådan här nattlig meditation, har trettio munkar omsorgsfullt gnuggat statyerna med Brasso, för att de ska bli ännu mer gyllene i ljusens sken.

Salen fylls av munkar och församlingsmedlemmar. På golvet sitter det ungefär 150 personer med benen i kors och mediterar. Eller ja, åtminstone mediterar säkert 149 personer. Jag sitter mest och försöker hålla mig vaken. Misslyckas nästan jämt. För mig innebar de nattliga meditationerna en lång övning i förödmjukelse. Jag hade enorma svårigheter att inte somna. Jag gör verkligen mitt yttersta. Jag misstänker att jag ser ut lite som ett skepp i natten, där jag vajar fram och tillbaka i min oerhörda trötthet.

Visst är det lite ironiskt? Jag hade gett upp så mycket för det här. Lämnat en löftesrik karriär, gett bort allt jag ägde, rest iväg långt från mina nära och kära – allt för att få leva som skogsmunk i Thailand. Och det som buddhistiska munkar och nunnor förväntas ägna *så* mycket tid åt var jag uppenbart helt inkapabel till.

Till min glädje lättar det runt midnatt. Då ser jag vår amerikanske novismunk, en före detta jazzpianist, komma inbärandes på aluminiumkittlar. Han har tillsammans med ett par andra noviser tillbringat senaste timmen åt att tillaga starkt, sött kaffe till oss allihop. Vi som bor på klostret sitter längs ena långsidan av den vackra, luftiga salen. Vi är tjugo munkar från nästan lika många länder. Och vi dricker vårt kaffe med andakt. Någon skojar om att just den här novismunken kommer att gå långt, med tanke på hur gott kaffe han gör.

Så småningom kliver vår lärare upp i talarsätet för att påbörja kvällens föredrag. Den förste abboten, Ajahn Passano, hade lämnat Thailand för att starta upp ett nytt kloster, i USA. Därför hade han nu ersatts av en annan fantastisk munk – engelsmannen Ajahn Jayasaro. Han sätter sig tillrätta med benen i kors och rättar till sina ockrafärgade kåpor. Ajahn Jayasaro har ett sällsynt öppet hjärta och ett knivskarpt hjärnkontor och kanalen däremellan är alldeles vidöppen.

Alla i rummet, såväl munkar som församlingsmedlemmar, blir påtagligt uppmärksamma. Ajahn Jayasaro är en duktig talare och just den här kvällen börjar han oväntat med att säga:

"Inatt vill jag ge er ett magiskt mantra."

Samtliga i rummet blir oerhört förvånade. Skogstraditionen är känd för att avfärda allt som luktar magi och mystik. Man lägger inget direkt värde i sådant. Ajahn Jayasaro fortsätter lugnt på sin närmast perfekta thailändska:

"Nästa gång en konflikt seglar upp på din horisont, när du känner att det börjar låsa sig med en annan människa, så repetera bara det här mantrat tyst för dig själv tre gånger, trovärdigt och övertygande – du kan göra det på vilket språk du vill – så ska du se hur dina bekymmer löses upp, som daggen på gräset en sommarmorgon."

Självklart har han oss alla i sin hand. Tystnaden är total och vartenda öra lyssnar spänt efter fortsättningen. Han böjer sig lite framåt, gör en kort konstpaus, och säger sedan:

"Okej, är ni med? Här kommer det magiska mantrat:
Jag kan ha fel.
Jag kan ha fel.
Jag kan ha fel."

Det är nu över tjugo år sedan den här kvällen inträffade, men jag har aldrig glömt den. Du vet, upplevelsen av hur kroppen känner igen och reagerar på sanningen, långt innan hjärnan helt och hållet har hunnit förstå den. Sådant sätter sig. Och stannar där.

Jag är visserligen den förste att tillstå att det här mantrat är som svårast för mig att komma ihåg när jag behöver det som mest. Men *när* jag kommer ihåg det, så funkar det alltid. Det tar mig alltid framåt, i en mer ödmjuk och konstruktiv riktning. Den här visdomen är tidlös och hör förstås inte till någon specifik religion.

Jag kan ha fel. Så enkelt. Så sant. Så lätt att glömma.

En gång berättade jag om det här magiska mantrat under ett föredrag som min fru Elisabeth var med och lyssnade på. Nästa morgon fastnade vi i något käbbel över frukostbordet. Jag kan ibland ha en besvärande lätt tillgång till min inre, obstinata fyraåring, så jag blev sur över något irrelevant. Sur på det där sättet när man *vet*, redan när man blir sur, att man inte har någonting att stå på, inga goda argument alls. Man förstår att det är rent löjligt att bli sur över den saken, men man blir det ändå, och klarar inte riktigt att släppa det så fort som man hade önskat. Tack och lov är jag välsignad med en fru som är mer balanserad och emotionellt mogen än jag. Så hon föreslår lugnt, med ett finkänsligt stråk av humor, att "Björn, det där mantrat som du berättade om igår, kanske vore det ett bra tillfälle att använda det nu?".

På andra sidan frukostäggen sitter jag, med fyraåringens buttra underläpp framskjuten, och mumlar att: "Nej, jag kör på ett annat mantra nu – *du* kan ha fel."

Jag raljerar lite här förstås. Och jag kan lätt förstå om man har invändningar och tycker att mantrat är förenklat.

Men det är sannerligen inte lätt att ha ett så pass ödmjukt perspektiv. Särskilt inte i stundens hetta! Finns det ett enda ego på hela planeten som tycker det är naturligt och lätt att säga: *"Jag kan ha fel"*?

Nej.

Har vi människor tillgång till nånting större, som alltid är fullt medvetet om att det *kan* ha fel?

Absolut.

Tänk hur världen skulle kunna se ut om de flesta för det mesta kom ihåg att vi kan ha fel. Tänk hur samtal kunde låta.

Redan för åttahundra år sedan sa den persiske sufimästaren Rumi: "Bortom idéer om rätt och fel finns det ett fält. Låt oss mötas där." Jag känner mig tämligen övertygad om att vi är allt fler som hungrar efter sådana fält, och sådana möten.

Jag minns ett tillfälle, senare i mitt munkliv, när jag tjafsade om något i klostret i England och vår underbare abbot Ajahn Sucitto tittade på mig och sa: *"Being right is never the point."* ("Att ha rätt är aldrig poängen.")

Såklart! Det sitter bara så djupt rotat i oss! Men ingen behöver kunna något från början. Varje människa har rätten att prova saker. Och saker som är för vårt eget välmående blir vi intresserade av att prova. Faktum är att få saker borgar mer för vårt eget välmående än att sakta men säkert börja vänja sig vid tanken att *jag kan ha fel, jag kanske inte vet allt.*

Vi tror gärna att vi förstår vad som händer, att vi med riktighet kan tolka skeenden och vår omgivning. Att vi *vet*. Att vi kan bestämma och avgöra om företeelser är rätt eller fel, bra eller dåliga. Vi är benägna att tycka att livet *borde* bli just som vi vill, som vi har planerat. Men ofta blir det ju inte så. Sällan faktiskt. Och det finns en visdom i att inte vänta sig att livet ska bli som jag tänker eller tycker att det borde bli. En visdom i att förstå att vi inte har en aning.

KAPITEL 14

Kanske, kanske inte

EN AV MINA favorithistorier är ett slags kinesisk saga. Den kom till mig under en annan hela-natten-meditation med vår engelske abbot Ajahn Jaysaro. Precis som vid alla nattliga meditationer kom det många församlingsmedlemmar till klostret för att delta. Dels från de närbelägna byarna, men också en del mer långväga gäster. Till historien hör att Ajahn Jayasaro hade kommit att bli väldigt populär i Thailand. Han började sitt munkliv som mycket ung och hade redan varit munk i tio år innan jag kom till vårt kloster. Han var nog bara fem–sex år äldre än jag, men vid det här laget hade han hunnit bli högt ansedd och respekterad inom vår värld. Han hade skrivit några uppskattade böcker om buddhism, var en populär meditationsledare och hade blivit känd för allmänheten sedan han ibland var med på TV.

Inte minst hade Ajahn Jayasaro blivit populär bland personalen på Thai Airways. Flera av dem flög upp på kvällen, från Bangkok till vår lilla stad och så mediterade de med oss hela natten, för att sedan ta flygplanet tillbaka till jobbet morgonen därpå. Du kanske kan se scenen framför dig: Tjugofem–trettio munkar, i sexuellt aktiv ålder, i celibat. *Verkligen* i celibat. Vi sitter på ett knähögt podium längs med ena långsidan i meditationshallen. På golvet snett framför oss sitter åtta, tio *jättesnygga* flygvärdinnor från Thai Airways i lotusställning och ser harmoniska ut.

Jag, som alltjämt kämpar hårt mot sömnen kan inte låta bli att tänka att jag bra gärna skulle vilja spana in de där flygvärdinnorna lite. Alltså, bara pyttelitet. Nästa tanke säger förstås till mig: *Nej men, Björn. Det där är inte munkmässigt. Du kan inte sitta och kolla på tjejer när du ska meditera, kom igen!* Men jag fortsätter argumentera inne i hjärnan om att det inte riktigt är *jag* som vill kolla. *Det är liksom biologi, det är det här som gjort att mänskligheten finns kvar, att vi tog oss vidare från Afrikas savanner i människans gryning. Det här är något positivt, vitalt, det är inget fel med det. Buddhism är jättebra på att inte skambelägga någon för grundläggande biologiska drifter. Det är inga konstigheter. Helt naturligt! Och om jag kollar väldigt, väldigt fort så kanske ingen ser något?*

Jag tillåter mig en mikrosekunds snabb glimt åt flygvärdinnornas håll. Det kändes vattentätt. *Ingen kan ha uppfattat det där. Kanske kan jag kosta på mig en lite, lite längre titt?*

Den nattliga meditationen fortsätter framåt i långsamt tempo. Många av församlingsmedlemmarna sitter rakryggade med en vaken men ändå fullkomligt lugn kroppshållning. Jag försöker förtvivlat göra vad jag kan för att inte somna. Jag sätter bland annat en synål mellan pekfingret och tummen för att hålla mig mer alert och vaken. Planen var att den skulle väcka mig när jag var på väg att somna och musklerna började slappna av. Men nejdå, när det sticker till så fortsätter jag bara att sova. Så småningom blir jag så desperat av att inte kunna hålla mig vaken, så jag bestämmer mig för att göra gående meditation istället.

Det brukar vara lite lättare. Jag byter plats och går längst bak i rummet, bara för att upptäcka att jag är fullt kapabel att somna gåendes och ståendes också. Det är en ytterst otäck känsla att vakna till när knäna har släppt och du är halvvägs till marken.

Men det var inte bara jag. Det fanns ytterligare en eller två olyckliga munksjälar som hade samma problem. En av dem, en amerikansk munk, var minst lika desperat som jag. Han tog det så pass långt att han gick tillbaka till sin hydda och hämtade ett klädstycke. När han kom tillbaka gick han fram till en av pelarna i den bakre delen av salen och slängde sitt tygstycke runt en väggfast fläkt som stack ut en bit upp på pelaren. Han tog den hängande delen av klädstycket och knöt sig en liten cirkel, i vilken han hakade in huvudet och på så sätt kunde fortsätta sin stående meditation utan att falla till marken.

En av mina favoriter bland församlingsmedlemmarna var en mycket fin, värdig kvinna. Hon var över 80 år gammal. Lekmannasupporter som hon var, satt hon alltid med oss när vi hade de här nattliga meditationerna. Hennes hår var uppsatt i en stor, silvrig knut och hon hade ett runt och vänligt ansikte som liksom *lyste*. Hon såg ut som om hon var halvvägs till himlen. Väldigt vacker. Imponerande nog klarade hon alltid att sitta hela nätterna igenom, väldigt mjukt, samtidigt som hennes rygg var rak som ett kvastskaft.

En gång under just den här natten går kvinnan ut från meditationshallen för att gå på toa, och passerar då oss som går och står längst bak i salen. När hon kommer tillbaka in tittar hon på oss lite extra. Sedan går hon rakt fram till abboten, som sitter längst fram, och sätter sig på knä framför honom. Man brukar inte störa varandra när man mediterar, så detta är väldigt ovanligt. Men hon gör det ändå, och säger med låg röst: "Ursäkta mig, jag är jätteledsen att störa dig, men jag behöver göra det, för jag tror att den amerikanska munken längst bak håller på att ta livet av sig."

Vid midnatt kommer noviserna traditionsenligt in med de varma dryckerna. Kaffet piggar även upp mig litegrann. Efter det är det äntligen dags för vår lärare att kliva upp i talarsätet. Tillfället motsvarar ungefär en predikan i en kristen kyrka och vi är många som verkligen ser fram emot denna stund. Inte minst jag. Ajahn Jayasaro var en otrolig förebild och inspirationskälla för mig. Så snart han började prata önskade jag att hela världen omkring skulle stanna upp, stillna. Jag ville inte missa någonting han sa.

Ajahn Jayasaro börjar med trygghet tala på thailändska. Till vardags hade vi engelska som arbetsspråk i vårt kloster, men eftersom det alltid kom många lokala församlingsmedlemmar till de nattliga meditationerna behövde dessa hållas på thailändska. Han hade lärt sig språket oerhört väl, och jag använde ofta hans föredrag för att själv öva på min thailändska. Eftersom han var engelsman talade han lite långsammare och tydligare än vad thailändarna gjorde.

Just denna natt berättar Ajahn Jayasaro något som liknar en gammal saga, en historia från Kina. Han beskriver en liten kinesisk by där det bor en mycket klok, äldre man med sin vuxne son. Bredvid dem bor en väldigt pratsam granne.

Den kloke mannen och hans son driver ett litet jordbruk, bestående av några risplättar. Till sin hjälp har de en arbetshäst. En dag rymmer hästen från sin inhägnad och springer till skogs. Den pratsamme grannen sticker fram näsan på andra sidan staketet och beklagar sig:

"Ånej! Igår hade du en häst, nu har du ingen längre! Hur ska du klara jordbruket utan ert enda arbetsdjur? Vilken otur!"

Den kloke bonden svarar med ett uttryck som på thailändska lyder *Mai nae*. Det betyder ungefär *"det är inte säkert"*. Jag tycker om att översätta det till *"kanske, kanske inte"*.

Några dagar senare kommer hästen självmant tillbaka från skogen. Han har med sig två vildhästar, som han har blivit kompis med. Alla tre går glatt och lydigt in i hagen. Bonden lägger på bommen för inhägnaden och ser den pratsamme grannen titta fram igen:

"Åh! Igår hade du inga arbetsdjur alls och idag har du tre hästar – vilken tur!"

Den kloke bonden svarar lugnt:

"Mai näääh. Kanske, kanske inte."

Efter ett tag är det dags att tämja vildhästarna, rida in dem. Bondens son ger sig i kast med uppgiften. Men snart ramlar han av en av hästarna och faller så pass illa att han bryter benet. Pratsamme grannen igen:

"Ånej! Din ende son, den ende som hjälper dig här på gården. Nu när han har brutit benet kan du inte längre få hjälp av honom med jordbruket. Vilken otur!"

Bonden svarar: "Kanske, kanske inte."

En tid senare ser man den kejserliga arméns vimplar komma vajandes över kullarna, i riktning mot byn. Stridigheter har blossat upp i gränstrakterna mot Mongoliet och alla män i stridbar ålder värvas för att bli soldater och slåss mot mongolerna. Förutom den gamle bondens son förstås, eftersom han har brutit benet. Han får stanna i byn. Återigen dyker den pratsamme grannen upp och säger:

"Tänk! Alla andra blev av med sina söner, och det är säkert många av dem som aldrig kommer att komma tillbaka. Men du fick ha kvar din son. Vilken tur!"

Bonden: "Kanske, kanske inte."

Bonden tror inte på den sortens tankar som bestämmer huruvida det som händer i livet är bra eller dåligt. Att hålla lite lösare om de övertygelserna är både en frihet och ett tecken på visdom. Det finns så mycket att vinna på att komma ihåg hur lite vi faktiskt vet om framtiden, på att sanningsenligt särskilja det vi *tror*, från det vi *vet*. Jag har sällan hört någon säga: "Allt blev precis som jag hade föreställt mig." Snarare kan åtminstone jag konstatera att det allra mesta som jag oroat mig för i mitt liv, det hände aldrig. Och det som hände, hade jag ingen aning om att det skulle bli som det blev.

KAPITEL 15

Spöken, asketism och sorg

INOM SKOGSTRADITIONEN FÖRSÖKER munkarna och nunnorna så gott det går att leva sina liv i skog och djungel. Samtidigt är man helt beroende av andra människor för att få maten man behöver, vilket betyder att man inte kan leva alltför avskilt från övrig bebyggelse. Därför ligger de flesta kloster i närheten av en eller flera byar. En plats som blir särskilt lämplig att bo på är det som kallas kremeringslunden eftersom skogen där ofta är välbevarad och omhändertagen. Det var just vid en sådan som vårt kloster låg.

Kremeringslunden är den plats där en vanlig thailändsk by bränner sina döda. En eller flera gånger i månaden kommer byborna dit med en stor öppen kista och lägger den på en upphöjning som är byggd för just det syftet. Man gör en brasa under kistan och ser sakta kroppen brinna upp. Detta har jag bevittnat många gånger, vilket bidrog till att göra döden till en relativt naturlig, närvarande del av livet.

Förutom det natursköna läget passar det bra att ha klostret beläget i en kremeringslund eftersom många thailändare nästan är komiskt rädda för spöken, vilket ger klosterinvånarna en viss grad av automatisk avskildhet. Byborna tänker sig att spöken uppstår, eller ofta uppehåller sig, just kring kremeringslundarna. Så de flesta är rädda för att gå dit, speciellt när det är mörkt.

Jag minns en gång när vi, som vanligt i februari, var på väg bort från den gassande värmen i nordöstra Thailand till den svalare höglandsdjungeln på gränsen till Burma. Utanför Kanchanaburi stannar bussen till i en by, där byborna oroligt står och väntar på oss. Tydligen är det så att blodisande skrik håller dem vakna om nätterna, och spökena skriker på engelska. Det finns nämligen en massgrav i byn, sedan andra världskriget. Där ligger många allierade soldater, som dött som krigsfångar under bygget av "dödens järnväg" och bron över floden Kwai. Vi – ett tjugotal skogsmunkar, de flesta av oss västerlänningar – ställer oss i en cirkel ovanpå massgraven. Vi sjunger ett pärlband av Buddhans reflektioner och traditionella välsignelser, allt på skriftspråket pali. Sedan talar vår abbot, Ajahn Jayasaro, direkt till spökena på engelska: "Vi kommer i frid. Ni skrämmer byborna med era skrik om natten. Ni är döda nu. Här finns inget mer för er. Det är dags att gå vidare. Gå i frid."

Av någon anledning var det allt som behövdes. Det funkade. Spökena tystnade och byborna kunde fortsätta med sina liv och vi kunde fortsätta med våra.

Jag har aldrig känt mig så mycket som en del av naturen som under våra två månader varje år i höglandsdjungeln. När bussen inte nådde längre vandrade vi i ett par dagar för att klara av den sista biten. En grupp burmesiska gästarbetare hade byggt bambubritsar åt oss i djungeln. De var så väl utspridda, så man varken såg eller hörde någon annan från sin brits.

Om nätterna var myggnätet det enda som fanns mellan mig och djungeln. Man hörde smattret av insektsben mot det tunna taket, syrsornas spelande, oidentifierbart prasslande bland löven. Ibland kände jag mig som en köttbulle på en tallrik där jag satt och mediterade. Bara väntade på att någon eller något skulle äta upp mig.

En holländsk munk mötte två tigrar vid floden en kväll. Som tur var hade de redan ätit. Men visst blev han livrädd och sprang. Det skojades en del om "den flygande holländaren" efter det. Själv hörde jag något stort braka runt en natt men vände mig och somnade om. Nästa morgon var det fullt av färska elefantspår vid flodkröken, bara tjugo meter från min brits.

En dag i höglandsdjungeln, efter måltiden, blir vi ombedda att hjälpa till med att flytta en enorm buddhastaty i mässing. Den ska upp på en kulle, där en liten pagod hade byggts. Någon har en Land Rover med vinsch. Någon annan har lagt fram stockar att rulla statyn på. Burmeserna hugger i. Thailändarna hjälper till. Många munkar också, medan ett par av oss västerlänningar backar lite från ståhejet. Står och pekar. Vi kommer med förslag om hur uppgiften bäst och snabbast ska genomföras. Vår abbot Ajahn Jayasaro lägger en hand på min axel och säger: "Natthiko. Det viktiga är inte hur effektivt vi genomför det här, utan hur alla mår efteråt."

Om morgnarna gick vi ner från berget på en kort allmoserunda i dalen. Gibbonaporna sjöng sin utdragna sång i trädtopparna och den halvtama näshornsfågeln stod redan och väntade på våra matrester. Byn var fattig, så vår dagliga måltid var väldigt enkel under denna period. Ibland var det inte mycket mer än ris, bananer och kanske lite konserverade sardiner. Tillvaron var på många sätt ännu mer extrem än i vårt vanliga kloster, och aldrig förr hade jag tvingats möta mig själv så obönhörligen. Det gav mig erfarenheter som jag haft glädje av i resten av livet.

Andra året som munk valde jag att leva som enda västerlänning i ett riktigt fattigt skogskloster på gränsen till Kambodja. Då och då hörde vi gamla minor explodera på avstånd. Ofta var det en ko eller get som trampat på dem.

En gång sa Ajahn Chah: *Att vara skogsmunk handlar om att försöka släppa taget, och att misslyckas med det nittio procent av tiden.* Jag blev påmind om detta dag efter dag, inte minst vid måltiden. Efter allmoserundan, när alla varmrätterna överlämnats till abboten Ajahn Banjong, så hällde han alltihop i en enda stor spann. Där simmade buffelköttbitarna (med några hårstrån kvar) tillsammans med kycklingen i jordnötssås och den soltorkade fisken. "Äsch, mat är medicin. Det är bra för er unga munkar att släppa taget om era preferenser kring mat", tyckte Ajahn Banjong.

Som du förstår, så åt jag väldigt mycket frukt det året.

Under regnperiodens tre månader fokuserade vi som vanligt ännu mer på meditation. Ajahn Banjong bestämde att vi alla skulle ha en tändsticksask på huvudet under morgonmeditationen. Den som tappade den mer än två gånger fick bara äta ris den dagen. För en notorisk sömntuta som jag var det här förstås en stor utmaning. Men jag fick mer än ris i skålen alla dagar utom en den regnperioden. Och visst hjälpte det lite att jag klistrade en grov tygbit på ena sidan av min tändsticksask, samt lärde mig att sova med överkroppen starkt framåtlutad men fortfarande med hakan upprätthållen.

Mitt fjärde år som munk erbjöds återigen möjligheten att leva ett år i ett thailändskt kloster utan andra västerlänningar. Jag tog chansen. Detta kloster låg i närheten av Bangkoks flygplats. När klostret bildades var det bara risfält runtomkring, men när jag anlände, tio år senare, var klostret omringat av radhusområden. Från min enkla hydda kunde jag se rakt in i köket i det närmaste radhuset. Faktiskt in i kylskåpet, när det öppnades. De immiga Singha-ölen såg rätt goda ut.

En hård och ordlös sorg växte sig detta år starkare och starkare i mitt bröst. Jag förstod inte varför eller vad den handlade om. Jag försökte känna in den. Jag försökte acceptera den, tala med den. Jag försökte vara tålmodig med den. Men ingenting tycktes hjälpa. Den bara satt där i bröstet och sög glädjen ur mitt liv.

En eftermiddag, efter te-stunden, känner jag att det inte går längre. Jag kan inte ha det såhär. Det känns som att jag aldrig kommer att få vara glad igen. Så jag går tillbaka till min lilla hydda, hänger försiktigt upp ytterkåpan, tänder lite rökelse och sätter mig på knä framför min bronsbuddha. Jag för ihop handflatorna framför bröstet och säger kort, men innerligt, till buddhastatyn: "Jag klarar inte av det här. Det här är större än mig. Jag känner mig helt hjälplös. Hjälp mig." Sen börjar jag buga. Igen och igen.

Sakta, sakta börjar sorgen röra på sig. Jag gör inget motstånd, utan låter bara sorgen ta över. Tårarna kommer. Först trevande, sedan alltmera kraftfullt. Kroppen stönar, skakar, gråter. Och jag bara fortsätter att buga. Efter en

ห้องภาพ
อารินทร์โฟโต้ 2
☎ 321450

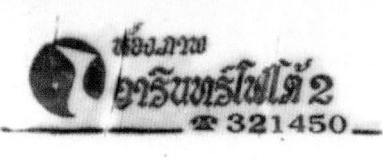

Mitt sista år i näringslivet före munkåren. AGA:s huvudkontor, Cadiz, Spanien, 1987.
Foto: Miryam MacPherson.

På vandringsleden Milford Track i Nya Zeeland, 1989.

I Stadsparken i Falsterbo, 1999. Foto: Björn Andrén.

Vårt kloster, Internationella Skogsklostret, Wat Pah Nanachat i nordöstra Thailand. I obekväm polyester-kåpa som novismunk 1992. Foto: Kylle Lindeblad.

Mamma och jag under hennes första besök hos oss på Wat Pah Nanachat, februari 1993. (På skylten bakom oss står det: "The important thing is not trying to think perfect thoughts or to act like saints, but to realize the way things are.") Foto: Yatiko Bhikkhu.

Munken som ordinerade mig till fullvärdig munk, Ajahn Maha Amon, och jag, efter ordinationen. Februari 1993.

Mina två första lärare Ajahn Passano (t.v.) och Ajahn Jayasaro i vårt vildmarkskloster Wat Poh Jorm Kom på gränsen till Laos, cirka 1994. I Thailand gör man tvärtom. Ler ofta, men aldrig på bild.

Besök av munkvänner i mitt eremitage i nationalparken Khao Khicchagoot, hösten 1998.

Interiör från eremitaget i Khao Khicchagoot före ombyggnaden. Taget 1998.
Foto: Kylle Lindeblad.

Mitt splitternya eremitage i Khao Khicchagoot. Designat av mig, finansierat av en man i byn som skrev in donationen i sitt testamente och dog under mitt år där, 1999.

Gruppbild från mitt kloster i England, Chithurst Buddhist Monastery. Nunnorna till vänster, och jag som ger gluten-intolerans ett ansikte. Ajahn Sucitto två steg till vänster om mig. 2001. Foto: Nimmala Glendining.

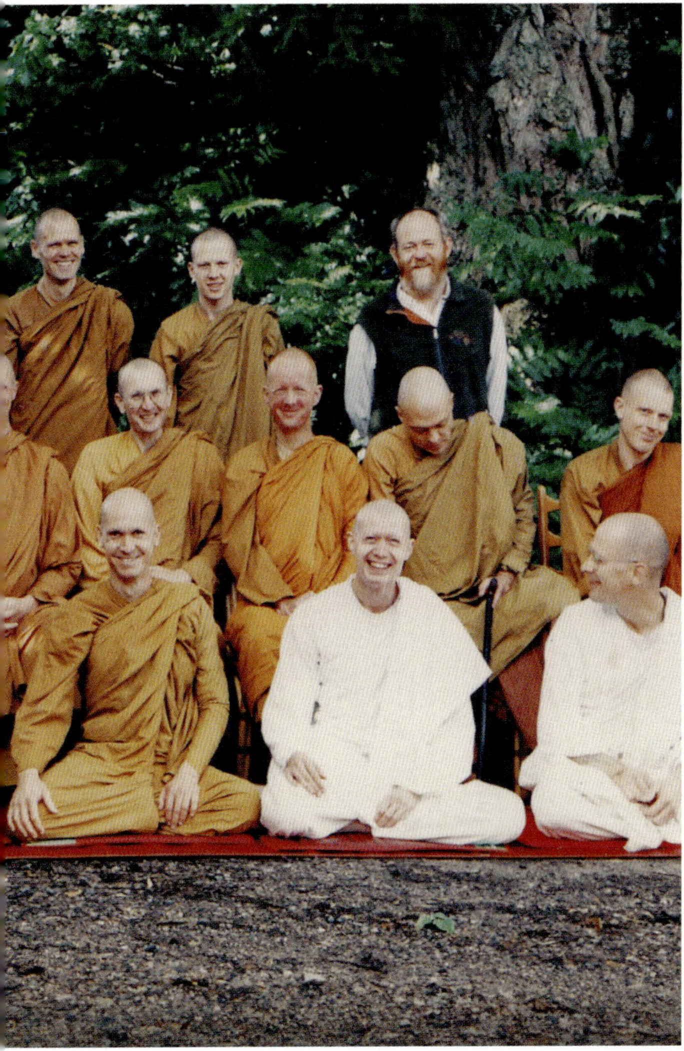

På vandring längs The Southwest Coastal Path i Cornwall, 2004. Foto: Sam Ford.

På vandring i Drakensbergen i Sydafrika, 2007. Foto: JP Meyer.

På utflykt i Berner Oberland med munkvänner från Thailand, Tyskland och Slovenien. 2007. Foto: Robert Szalies.

Sista fotot på mig som munk. Från mitt sista hemmakloster, Wat Dhammapala i Schweiz. Hösten 2008.
Foto: Ashin Ottama.

Från en kväll på Intiman i Stockholm under turnén *Nycklar till frihet*, hösten 201
Foto: Anna Nordgren.

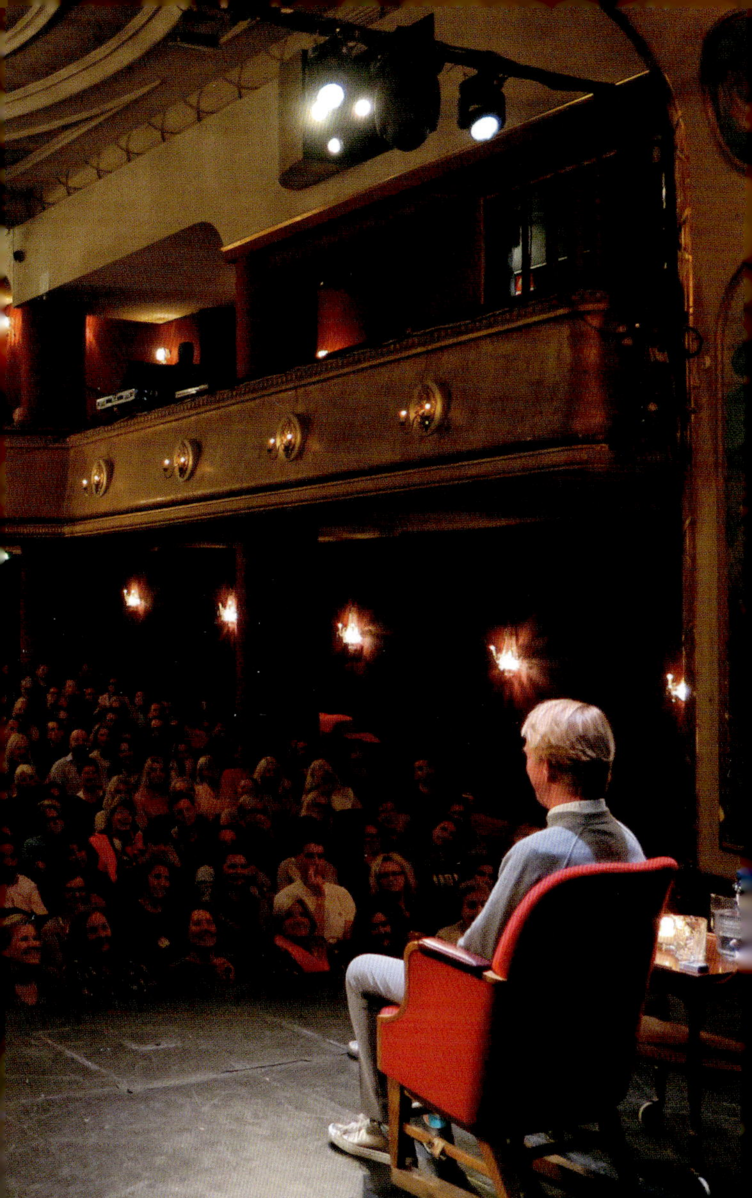

Amundön söder om Göteborg, sensommaren 2016. Och ja, det är jag på berget. Foto: Cim Ek.

stund avtar gråtandet, och jag upptäcker att en del av mig är lugn och nyfiken, varse denna explosion av sorg. Gråten upphör sedan helt och jag ser mig omkring, som med nya ögon. Allt har återfått lite av det skimmer jag upplevde den där gången för så längesen, hos farmor och farfar i Karlskrona. Varsevarandet gör sig påmint. Jag känner mig lugn. Jag förundras över att mötet med min egen hjälplöshet var nyckeln som öppnade dörren till glädjen igen.

KAPITEL 16

Frivilligt psykologiskt lidande

MERPARTEN AV DET psykologiska lidandet vi människor upplever är *frivilligt* och *självpåtaget*. Det var en av Buddhans största upptäckter. Det är ett steg i mänsklig utveckling som vi inte kommer ifrån, det gäller oss alla och det är helt naturligt. Och det handlar just om det som jag återkommit till flera gånger redan – att vi tror på tankar som inte vill oss väl. Tankar som gör det jobbigt, tungt och svårt att vara du och jag.

Någonstans, medvetet eller omedvetet, vet vi om att mycket av det som blir jobbigt i våra liv är orsakat av våra egna tankar. I huvudsak är det inte det som händer där ute i världen som skapar vårt psykologiska lidande, utan det som händer *inuti* oss – tankarna som bubblar upp i oss och som vi sedan eventuellt tror på eller inte. Det är där, i våra tankar, som det uppstår, lever och frodas. Så länge vi låter det göra så.

Att det psykologiska lidandet är självpåtaget betyder inte på något sätt att det blir mindre plågsamt. Inte alls. Men att förstå det så kan ge oss ett nytt sätt att förhålla oss till det. Det är det jag menar är den stora poängen med att inte tro på allt du tänker.

Den här insikten kan vara jobbig, för den kräver en hel del ödmjukhet. Man har inte råd att skylla på andra personer eller omständigheter längre. Men insikten gör oss också intresserade: Hur kan jag förhålla mig till mina egna tankar och känslor på ett sätt som gör att jag *inte* skapar så mycket psykologiskt lidande för mig själv?

En nivå av mänskligt medvetande är väldigt förtjust i att skylla allt på alla andra: *"Om mina föräldrar hade varit annorlunda, om de inte hade betett sig så dumt på mitt jobb, om politikerna hade tagit bättre beslut."* Det är inget konstigt med det, det är en grundläggande del av egot. Högst naturligt. Det är lättare och mindre sårbart att skylla på någon annan när livet är svårt, när vi känner ett psykologiskt tryck. Men även om det är obekvämt så blir det så småningom *helt* nödvändigt att ställa sig själv frågan: Finns det någonting *jag* kan göra här och nu för mig själv för att jag ska må mindre dåligt i den här situationen?

Världen kan snurra så mycket den vill. Ingen annan, inget annat, behöver ändra sig alls för att det ska bli lättare att vara du och jag. För när vi känner oss pressade, ledsna, ensamma, oroade, små och otillräckliga, då är det påfallande ofta någon tanke som vi har gripit tag i och vägrar släppa taget om. Ofta är den väldigt rimlig. Ofta har den ett "borde" i sig. *"Pappa borde inte ha gjort så. Mamma borde inte ha sagt så. Mina vänner borde ha kommit ihåg. Barnen borde ha brytt sig. Chefen borde ha fattat. Min partner borde göra, säga, vara, tänka annorlunda på det eller det sättet."*

Och det som gör mest ont av allt – *jag* borde vara annorlunda. Jag borde vara klokare, flitigare, rikare, duktigare, smalare, mognare. Man kan köra runt där i evigheter.

Det går också att mjukt kliva åt sidan. Med ett leende på läpparna säga:

Tack för din feedback. Vi hör av oss.

KAPITEL 17

Hur många Pepsi
kan en eremit dricka?

UNDER MITT SJUNDE och sista år i Thailand levde jag som eremit. Mamma och pappa var som vanligt på besök i februari och vi reste tillsammans till Chanthaburi, där de följde med mig upp på berget i nationalparken. Efter tjugo minuters vandring nådde vi platsen där jag skulle komma att bo det närmaste året – en sunkig, halvrutten och läckande bambuhydda mitt i djungeln. De sex kvadratmeterna inomhus hade knappt ståhöjd och hyddan hade tagit en del stryk under de senaste monsunerna. Pappa såg betänksam ut. Men han var en sällsynt klok pappa, så han sa inget.

Framåt eftermiddagen tog vi oss tillbaka till mammas och pappas hotellrum. Jag njöt alldeles oerhört av min första varma dusch på två år. Sedan var det dags för mig att ge mig av för första natten i mitt nya hem. En storm hade just blåst in över Thailand, och strömmen gick på hotellet strax innan jag lämnade. När jag kom fram till djungeln vid bergets fot var det nästan helt mörkt. Det spöregnade. Av någon anledning strejkade min ficklampa. Runt mig hörde jag hur vinden slet i trädkronorna och hur stora, döda grenar föll till backen då och då. Jag insåg att marken måste vara full av uppskrämda ormar, lika skräckslagna som jag. Så jag harklade mig, tog ett steg i taget på den knappt synliga skogsstigen, och började högljutt sjunga Buddhans verser som skyddar mot ormar.

Promenaden som tidigare på dagen hade tagit tjugo minuter tog nu nästan en timme, men till slut nådde jag fram till min hydda. Blöt och rispad. Upprymd och lugn på samma gång. Jag tände mitt stearinljus bredvid buddhastatyn och bugade.

Efter ett halvår i eremithyddan dog en av männen i byn som låg nedanför nationalparken där jag bodde. Vi hade fattat tycke för varandra när jag, någon gång i månaden, åt min dagliga måltid nere i byn och försökte dela min förståelse av buddhism på knackig thailändska. I mannens testamente öronmärkte han en storslagen summa för att uppgradera mitt eremitage. Att gästande nunnor och munkar skulle få en bättre hydda att bo i var en av hans sista önskningar. Hans gåva gladde mig oerhört. Jag hoppas att den gladde honom ännu mer.

Jag fick designa den nya hyddan själv. Det lyxigaste var att få myggnät för fönstren, ståhöjd och en tio-stegs lång stig under tak, för gående meditation.

Vi rakade huvudet två gånger i månaden i skogstraditionen. Vid nymåne och fullmåne. Oftast rakade vi varandra men när jag levde som eremit fick jag förstås göra det själv. Lämpligt nog hade mamma och pappa precis gett mig en toalettväska med krok så jag brukade hänga upp den i en gren ovanför bäcken och fästa min lilla kardborreförsedda spegel i den utfällda väskan. Jag satte mig på huk vid bäckens kant och tvålade in huvudet, varpå jag tog fram hyveln för att börja raka mig.

Just den här gången tittade jag extra länge på min spegelbild. Det är som vanligt två veckor sedan jag såg den sist och jag betraktar mitt ansikte med kritisk blick. Jag har aldrig gillat hur grova mina porer är över kinderna och näsan. Eller den där rödflammiga, ojämna huden med spår från tonårsfinnarna. Jag skulle gärna velat ha en mer jämn och slät hud, som thailändarna. Och näsan – har den inte en lite löjlig böj på slutet?

Som du förstår hade jag väldigt mycket tid under denna period. Tid med mina egna tankar. Och just som jag sitter där och kritiskt granskar mitt ansikte så är det någonting som viskar inifrån: *"Konstigt ... Jag känner mig mycket vackrare än jag ser ut."* Just det, ja. Inre skönhet. Jag hade levt ett etiskt oklanderligt liv i sju år. Inte skadat ens en myra avsiktligt. Inte gjort eller sagt någonting alls som tyngde mitt samvete. Genom meditationen hade jag blivit mycket mer närvarande som människa. Och jag hade stärkt mycket av det som är vackrast i oss människor: generositet, empati, tålamod, medkänsla. Jag hade blivit vackrare inuti.

Nedanför berget där min eremithydda var belägen fanns en liten by. Den hade bara en enda gata. Byborna som gav mig mat varje dag på allmoserundan blev förstås mina vänner. En sällsam dans började efter ett tag utspela sig, där de försökte lista ut vad jag tyckte om att äta, medan jag försökte vara en god skogsmunk och inte uttrycka preferenser: *"Alai godai* – vadsomhelst är välkommet!" svarade jag bara, i den där unikt thailändska tonen som jag lärt mig att tycka så mycket om.

Efter måltiden tvättade jag min allmoseskål i lagunen i närheten av min hydda. Jag matade fiskarna med resterna. Simmade en stund. Sen lät jag det lilla vattenfallet ge mig ryggmassage, medan småfiskarna knaprade bort död hud från mina fötter och ben.

Det var nog det lyckligaste året i mitt liv. Jag har fortfarande inte helt förstått varför. Kanske stämmer det som min lärare Ajahn Jayasaro skrev på vykortet han skickade mig just det året:

"It seems to me, the more refined forms of happiness are characterised by the absence of things, rather than the presence of things."
("Det förefaller mig att mer förhöjda former av glädje karaktäriseras av frånvaron av saker, snarare än närvaron av dem.")

Dagarna blev till veckor, veckorna till månader, och månaderna till ett år. Ett beslut växte så sakta fram. Det var dags att återvända till Europa, för första gången på sju år. Jag hade fått kännedom om ett kloster i södra England, som också det tillhörde skogstraditionen. Där fanns både en mycket vis lärare – *och nunnor*! Dessutom har jag alltid varit lite av en anglofil, så England kändes som ett lätt val. Att korta avståndet till familjen skadade förstås inte heller.

När eremitåret var slut bestämde jag mig för att göra en sista pilgrimsfärd, innan jag skulle flytta vidare till Europa. Det kändes som en fin och betydelsefull sak att avsluta min tid i Thailand med. Således vandrade jag de femhundra kilometerna tillbaka till mitt hemkloster som en gest av tacksamhet till allt som varit och som en gåva till min lärare.

Vandringen var en smula utmanande. Femhundra kilometer med allt jag äger på ryggen. I plastsandaler. Helt utan pengar. Här gällde det bara att lita på att jag skulle möta schysta människor längs vägen.

Jag gick inte genom grönskande skogar och vackra djungler som man kanske kunde tro. De flesta skogarna är nersågade, även i Thailand. Och många av skogarna som finns kvar är monokultur, vilket gör att det är svårt att hitta och ta sig fram i grönskan. Så majoriteten av sträckan gick jag längs landsvägar. Ofta stannade det ett dussin bilar om dagen och ett vanligt meningsutbyte kunde låta ungefär såhär:

"Åh, coolt, någon som lever som på den gamla, goda tiden. Kan vi hjälpa dig, kan vi köra dig någonstans?"

"Nej tack, jag har lovat mig själv att gå hela vägen."

"Kan vi ge dig lite pengar?"

"Nej, jag är skogsmunk, vi använder inte pengar överhuvudtaget."

"Ja, men någonting kan vi väl få göra? Kan vi ge dig lite mat då?"

"Nej, tyvärr. Som ni säkert vet så äter vi bara en gång om dagen i skogstraditionen, och jag har redan ätit för idag."

"Men snälla, någonting, kan vi inte få hjälpa dig med någonting?"

"Ja... en Pepsi kanske?"

Så jag strövade vidare mil efter mil med åtta–tio Pepsi i blodomloppet och funderade på om det verkligen var det här Buddhan menade när han talade om det heliga livet. Efter några dagar började det regna rejält. Jag tog skydd i en liten livsmedelsbutik som låg längs med landsvägen. Den hade stampat jordgolv och jag hittade en läskback att sätta mig på. Det blev lite uppståndelse bland människorna i och kring butiken. På den här platsen var det ovanligt att se en västerländsk skogsmunk. De började ställa en massa frågor till mig:

"Hur länge har du varit munk?"

"I sju år nu."

"Okej. Hur länge har du studerat?"

"Ja, det var väl sexton år allt som allt."

"Hur många syskon har du?"

"Jag har tre bröder."

Efter ett litet tag började jag utröna ett mönster i frågestunden. Dels antecknade de alla mina svar, dels var svaren alltid siffror. Något var lite märkligt med det hela. Sedan insåg jag det: *Imorgon dras lottoraden!* Det finns en tro bland många thailändare på att mediterande skogsmunkar och nunnor har kopplingar till det övernaturliga.

Det slutade regna efter en halvtimme och jag kunde gå vidare på min färd. Efter en stund möter jag en gammal, fin man, klädd i vitt. Jag vande mig aldrig riktigt vid de hedersbetygelser som thailändarna ofta mötte oss munkar med, och när de kom från äldre personer blev de ännu mer absurda, tyckte jag. Så var det även denna gång då den gamla mannen kom fram till mig och sa: "Oh, det är en oerhörd ära för mig att möta en hedervärdig, respektabel skogsmunk. Har den ärevördige skogsmunken haft några intressanta drömmar på sistone? Fanns det möjligtvis några siffror i någon av dem?"

Den blandningen av respekt och egenintresse är helt ljuvlig!

I ett senare skede av min vandring mötte jag en ung,

stilig man på motorcykel. Han stannade till när han såg mig och började prata lite.

"Wow! Västerländsk skogsmunk, jag har aldrig träffat någon sån förut! Jag kör dig vart du vill!"

"Tack, men vet du vad, det här är liksom en andlig träning för mig. Jag har lovat mig själv att jag inte ska kliva på ett fordon, utan gå hela vägen till mitt kloster."

"Åh, men du, jag har gjort en del rätt dumma grejer den sista tiden. Jag behöver göra lite bra karma. Kan jag inte bara få köra dig till nästa by?"

"Sorry, det går inte. Då bryter jag ju mitt löfte."

Då tittade han på mig och sa:

"Är inte det lite självviskt?"

Jag bara log. Men han gav sig inte, utan propsade:

"Kom igen nu. Hundra meter? Hur svårt kan det vara, kan jag inte få köra dig hundra meter?"

"Nej tyvärr, då har jag ju brutit mitt löfte till mig själv..."

Han var tyst en stund och sa sedan:

"Men kan du gasa lite då?"

"Absolut!"

Jag gick fram till hans motorcykel, tog tag i gasreglaget och gasade en stund.

"Tack! Hejdå!"

Så kunde thailändsk folkbuddhism på gatan se ut.

KAPITEL 18

Knuten näve, öppen hand

EFTER SJU ÅR i Thailand var jag lite trött på att leva med nästan bara män. Det fanns ytterst få nunnor i klostren där. Tyvärr är det så även inom buddhismen, precis som i de flesta andra världsreligioner, att kvinnor inte riktigt har samma möjligheter som män. Förutsättningarna är kanske snäppet bättre inom buddhism än i vissa andra trossamfund, men det är fortfarande inte bra. Min cyniska del tycker att de stora världsreligionerna, mer eller mindre, tycks ha som ett delsyfte att trycka ner det kvinnliga. Det är djupt tragiskt.

Den buddhistiska skogstraditionen som jag tillhörde hade som sagt, när den expanderade över världen, etablerat en nunneorden. Den hade sitt centrum i England och där hade de startat ett systerkloster. Det var inte perfekt, men det var tillräckligt bra. Jag hade träffat några av de här nunnorna (och munkarna från samma kloster) när de var på besök i Thailand, och jag tyckte väldigt mycket om dem. Att leva sida vid sida, munkar och nunnor, kändes givande och på många sätt självklart för mig. Det var någonting som balanserades när både det manliga och det kvinnliga fanns där på ett likvärdigt sätt. Så jag flyttade till England delvis på grund av just den här, kanske lite icke-munkmässiga anledningen att jag gillar nunnor.

Flera av nunnorna i England blev otroligt fina och värdefulla vänner för mig. En av dem var Ajahn Thaniya, en nyzeeländsk nunna i en mycket liten kropp men med ett väldigt kraftfullt inre. Hon var en av de tre mest insiktsfulla personer jag mött i hela mitt liv. Hon behövde inte ens fråga hur det stod till, hon kunde bara titta på mig så visste hon.

En annan sak som lockade mig med just det här engelska klostret var att de hade en abbot som hade bländat mig fullkomligt – munken Ajahn Sucitto. Han hade skrivit och tecknat en bok där han illustrerade och analyserade Buddhans första föredrag på ett i mitt tycke alldeles briljant sätt. Vi hade lärt känna varandra redan i Thailand, då han ofta reste dit om vintrarna. Än idag är han en av mina närmaste och viktigaste vänner.

Ajahn Sucitto har det där som en riktigt bra lärare, mentor eller för all del vän ska ha – en osviklig känsla för tajming. Han lyckas alltid säga rätt ord till rätt person vid rätt tillfälle, dessutom med en stor portion kärlek. Det blir lätt att vara mottagare av budskap från en sådan person, även om det den säger är känsligt för en.

I England fick vi glädjande nog *både* frukost och lunch. Det var jag väldigt tacksam över. En av klosterfrukostarna minns jag särskilt väl. Den ägde rum ganska snart efter att jag hade flyttat dit. Vi var över femtio personer – munkar, nunnor och gäster – som hade ätit tillsammans och efter många om och men lyckats bestämma vem som skulle göra vad den dagen. Det var stökigt och mycket att reda ut: Vem ska laga maten, vem ska diska, vem ska klippa gräset, vem ska ta hand om blommorna, köra den sjuka nunnan till sjukhuset, köra munken till tandläkaren, laga traktorn, hämta veden, klyva veden och fylla vedpannan?

Rörigheten störde mig. Jag tyckte generellt att det var lite dåligt med putsen och studsen i England. Jag kom från *ur-klostret* i Thailand. Jag visste hur man gjorde i ett *riktigt* skogkloster! I England kunde det vara lite slarvigt och kaotiskt och som seriös skogsmunk var jag minsann *inte* okej med det. Så jag satt kvar en stund och tänkte säkert irriterade tankar om att förfarandet inte var värdigt ett skogskloster, att det inte sköttes snyggt nog, att det borde gjorts mer polerat och närvarande. Folk släntrade ut från salen och till slut var det bara jag och min lärare Ajahn Sucitto kvar. Förmodligen hade jag i det ögonblicket en av West Sussex mest sammandragna ringmuskler. Ajahn Sucitto tittar mjukt på mig och säger: *"Natthiko, Natthiko. Chaos may rattle you, but order can kill you."* ("Natthiko, Natthiko. Kaos kan skaka om dig men ordning kan döda dig.")

Just det. Nu knöt jag handen lite för hårt igen. Nu tänkte jag att jag vet hur hela världen borde se ut. Och när den inte gör det så kramparar det för mig. Jag blir liten, tung, ensam och hela tiden störd av tankar fyllda med ordet *borde*.

Om du kan känna igen att det blir så för dig också ibland, så pröva gärna den här handrörelsen – att knyta näven hårt, för att sedan veckla upp den till en öppen hand. Jag önskar att du kan ta med dig den som en påminnelse till dig själv. Jag använder ofta gesten under mina föredrag och meditationer, för den omfattar så mycket av det jag försöker kommunicera. Den är enkel, men den illustrerar fint hur vi kan släppa taget om saker som vi håller för hårt om: ting, känslor, övertygelser. Knyt näven hårt, öppna den sen som en öppen hand.

Jag önskar dig att kunna leva livet lite mindre med en knuten näve och lite mer med en öppen hand. Lite mindre *kontroll*. Lite mer *tillit*. Lite mindre *jag måste veta allt i förväg*. Lite mera *kommer tid kommer råd*. Det gör oss alla så gott. Tillvaron behöver inte bestå av en ständig oro för att det inte ska bli som vi vill. Vi behöver inte göra oss själva mindre än vad vi är. Vi *kan* välja. Vill vi leva med ett stryptag om livet, eller med ett famntag om det?

Öppna upp din hand, så ofta du förmår.

KAPITEL 19

Get yourself
a fucking job, mate

DET ÄR FÖRSTÅS en helt annan sak att leva som buddhistmunk i ett land som inte genomsyras av buddhism. När vi gick vår dagliga allmoserunda i Thailand hälsades vi alltid med värme, nästan beundran, av folket. Vi hade en respekterad plats i samhället. I Storbritannien var det en annan femma.

Min första allmoserunda i England gick jag tillsammans med en ung engelsk munk som hette Narado. Med allmoseskålarna om halsen vandrade vi in på High Street i Midhurst, den lokala staden närmast vårt kloster i West Sussex. Jag var redan på förhand nervös och kunde inte riktigt förstå att man faktiskt kunde få mat, också i England. En vit skåpbil kör förbi. Föraren vevar ner rutan och skriker: *"Get yourself a fucking job, mate!"*

Det var en hyfsat tydlig påminnelse om skillnaden i synen på munkar får man säga. I sju år i Thailand behandlades jag mer eller mindre som en gåva från gudarna. Munk. *Skogs*munk. *Västerländsk* skogsmunk! Finare blir det knappast i Thailand. I England sågs jag snarare som en parasit.

En suspekt figur med dålig klädsmak, konstig frisyr och förvirrad sexuell hemvist.

Självklart hade jag aldrig tagit de thailändska hedersbetygelserna personligt. Och tur var det. För under min tid som munk i Väst, där förolämpningarna kom vinandes då och då, så gick de faktiskt rätt igenom mig. Jag kände mig som en seriefigur som såg pistolkulan komma emot mig, susa in genom kroppen, och ut igen på baksidan. Det var ännu en gåva från Buddhan: Jag hade börjat förstå hur man klokt hanterar beröm och kritik.

Incidenten med mannen i den vita skåpbilen gav mig faktiskt en härlig och fri känsla. Det blev så tydligt för mig hur närvarande jag var när han skrek den här förolämpningen. Jag, som alltid varit känslig för vad andra tycker om mig, kunde nu känna av vad som hände inuti mig och lugnt konstatera: *Ingenting*. Vad skönt! Det blev så påtagligt för mig där och då, att jag inte längre levde ett liv som handlade om att samla på sig en massa imponerande kompetenser eller att verka bra i andras ögon. Jag kände mig äntligen fri från det.

Som jag ser det så handlar genuin mänsklig, andlig och själslig utveckling inte så mycket om att lära sig strategier, utan snarare om att ställa ifrån sig bagage. Att lite mindre ofta och lite mindre länge fastna i sina *hangups*, sina tankelåsningar. Glöm idén om att inte alls ha några tankelåsningar. De enda människor som aldrig har några tankelåsningar är döda människor.

Om du, i ditt arbete med dig själv, märker att du så sakteliga lyckas låta dina tankelåsningar blekna, då vet du att du är på rätt väg. Kanske lyckas du till och med få en välgörande distans till hur din personlighet är beskaffad, till hur du själv tycker att du *är* och alla synpunkter du må ha på dina personliga tillkortakommanden.

För mig var det en ganska hisnande känsla att börja få syn på det som fanns bortom mina brister. Trots min osammanhängande, överreaktiva, överimpulsiva, obalanserade personlighet, så ser jag att ju bättre jag blir på att lyssna inåt, ju mer jag gör stillheten till min egen, så börjar någonting att skimra. Någonting som alltid tycks finnas med mig. Något som vill mig väl.

KAPITEL 20
Glöm inte att lämna utrymme för mirakel

NÄR MAN INOM skogstraditionen varit munk eller nunna i tio år får man epitetet Ajahn, vilket är det thailändska ordet för lärare, och man uppmuntras att pröva sina vingar inom undervisning. Jag minns den första helgretreaten som jag skulle leda i England. Natten innan var det som om två ormar brottades i magen. Det var en närmast outhärdligt stark ångest. Strax innan retreaten ska starta går jag in i meditationshallen, tänder ljus och rökelse, bugar till buddhastatyn och säger tyst: "Okej, Buddha. Jag är ett vrak just nu. Men jag tänker vara helt närvarande hela helgen. Jag vet att orden inte kommer komma *från* mig, utan *genom* mig. Har vi en deal?" Jag tar buddhastatyns tystnad som ett ja. Retreaten gick fint.

Detta var en period när jag lätt hamnade i ökad ansträngdhet och blev mer spänd. Jag fick öva hårt och ofta på att verkligen gå från den knutna näven till den öppna handen. Jag hade också börjat få mycket att göra i form av en rad administrativa uppgifter som hamnade på mitt bord, varför det hade kommit in ett visst mått av stress i mitt liv. Tänk att det finns stressade buddhistmunkar också. Och stress har som bekant en tendens att göra det ännu svårare att släppa sitt kontrollbehov. Oavsett vem du är.

Naturligtvis noterade nunnan Ajahn Thaniya detta. En junikväll är vi båda på väg in till meditationshallen där hela gruppen ska meditera. Vårluften är klar, näckrosdammen i klosterträdgården är full av trollsländor som glittrande svävar strax över vattenytan. Ajahn Thaniya tittar på mig på sitt speciella vis. Jag älskade när hon gjorde det för då sa hon nästan alltid något kort och kryptiskt efteråt, något väldigt värdefullt. Så jag blev lite extra uppmärksam när hon nu såg på mig med sina varma ögon och sa: "Natthiko, glöm inte att lämna utrymme för mirakel."

Det landade så rätt i mig, för jag visste hur sant det var. Och jag behövde verkligen den påminnelsen där och då. *Just det. Här går jag och försöker kontrollera allting. Det blir ensamt, tufft, svårt och ängsligt. Lita mer på livet! Nästan allt det bästa i mitt liv har ju hänt utanför min kontroll, jag vet ju det. Det blir jobbigt om jag ska försöka styra och förutse allting. Det blir inte roligt. Jag tappar en del av min intelligens när jag blir sådär ansträngd och hård.*

Jag har länge följt en amerikansk lärare vid namn Adyashanti. Jag åkte på min första retreat med honom nio månader efter att jag slutade att vara munk. Det var ett högtidstillfälle för mig. Jag var i storhets närvaro, kändes det som, och jag hängde i princip vid hans läppar under de sju dagar som retreaten pågick. En kväll sa han något som aldrig har lämnat mig.

Jag minns fortfarande tillfället väldigt tydligt.

Adyashanti sa: "Vet ni vad, om ni inte tror obesett på

allt ni tänker, om ni är fullt närvarande (och bara då), om ni har fri uppmärksamhet, så kommer ni att upptäcka en fundamental grundsats. Nämligen att universum fungerar enligt följande princip:

Du kommer att få veta
vad du behöver veta
när du behöver veta det."

Wow. Jag kan förstås inte, med absolut säkerhet, bevisa att det verkligen är så. Och jag förstår om det låter väl flummigt men jag har inga som helst invändningar mot Adyashantis uttalande. Jag upplever det som fullt och fast sant, och jag har provat detta länge nu.

Jag märker att mitt liv alltid blir bättre, ibland mycket bättre, när jag lyckas leva enligt den principen. Det betyder såklart inte att man slarvar med sitt liv. Det betyder såklart inte att man inte planerar sådant som man kan och bör planera. Men det betyder att vi når en högre grad av såväl frihet som visdom när vi vänjer oss vid att leva mer i tillit. När vi förmår och vågar släppa våra fåfänga försök att kontrollera och förutspå framtiden. Då händer det något nästan magiskt.

Man kan, lite förenklat, säga att det finns två sorters tankar som är dominerande för nästan alla människor: Tankarna kring min historia och tankarna kring min framtid. Dessa tankar har en närmast hypnotisk kraft, och de har alla samma fingeravtryck: *Mitt liv.*

Det är som att du bär två stora, tunga och viktiga väskor genom livet – en med alla tankar kring din historia, och en med alla tankar kring din framtid. Det är fina, värdefulla väskor. Men pröva om du kan ställa ner dem ett litet tag bara. Pröva om du kan möta någonting mer direkt, här och nu. Och lyckas du i den avsikten, så kan du plocka upp väskorna igen senare. Om du vill.

Det är inget som säger att det är fel att tänka på sitt liv. Men det finns ett värde i att pausa ibland. Ge det lite vila och ro. Då går det ofta lättare när du ska lyfta upp väskorna igen.

Allting hänger ihop, att släppa taget om tankarna och om kontrollen, att vända sig inåt och lyssna, att vara närvarande, att regelbundet vila i det som är rofyllt, att leva i tillit. Allt detta handlar om att utforska möjligheten att hitta något som är *mer verkligt* än tankar, mer värdefullt än tankar. Vi vänder oss i viss mån tillbaka mot platsen från vilken tankarna bubblar fram ifrån. Och det konstiga är att när vi gör det, så blir våra tankar mer värdefulla. Vi får tillgång till mer av vår visa och intuitiva sida. Det låter kanske hårt, men det blir mer *kvalitet* på våra tankar.

Låt oss dröja lite vid det intressanta ordet *framtid*, och att vi har tankar om vad vi tror kommer att kunna hända. Det finns en stor poäng med att vara väldigt försiktig med det du tänker på som framtid. Det som ditt huvud säger åt dig är framtid, det är inte framtid. Det är en skiss, en fragmentarisk bild baserad på dina minnen och erfarenheter. Och du kommer bara ihåg en liten bråkdel av vad som faktiskt har hänt i ditt liv. Dessutom är ditt minne präglat och betingat av starka känslor.

Vi är programmerade för att komma ihåg det emotionellt accentuerade, inte minst det som var jobbigt och hemskt. Det är naturligt, för det hjälpte våra förfäder på savannen, det gjorde att vi överlevde och fick fortplanta oss. Men det vi kallar det förgångna är inte heller det som *faktiskt* hände. Det är utvalda brottstycken, ofta av känslomässigt laddade situationer. Och det är *dem* vi sedan projicerar på vår framtid, och som vi låter ligga till grund för hur vi målar upp den. Det *är* inte framtiden. Det är antaganden från vår sida. Det är lösa hugskott om hur det eventuellt, kanske, lite, möjligtvis kommer att kunna bli. Ingen vet egentligen. Ingen.

KAPITEL 21

Bara en sak är säker

NÄR JAG VARIT i det engelska klostret i några år bestämmer min munkvän Narado och jag oss för att göra en vandring runt ön Isle of Wight. Det är engelsk försommar. Vi har just avverkat vårt första dygn; trettio kilometer längs öns storslagna nordostkust, med nattbärbärge under en majestätisk ek. Det är förmiddag och dags för vår första allmoserunda på ön. Vi ställer ifrån oss våra ryggsäckar mot muren på en kyrkogård i kustorten Sandown, hänger varsin allmoseskål runt halsen och ställer oss på High Street, ett stenkast från mataffären.

Där står vi i en timma. Säkert tusen människor passerar förbi. Ingen pratar med oss. En liten flicka frågar sin mamma om hon tror att vi har ormar i våra skålar. Vi prövar att ställa oss nära en frisersalong istället, men det är samma sak där. Folk bevärdigar oss knappt med en blick. Det är som att vi var osynliga, trots våra munkkåpor i gyllene ockra. Efter ett tag stannar en polisbil till och konstapeln kliver ut: "Pojkar, tiggeri är förbjudet på Isle of Wight. Dessutom har frisersalongen ringt och klagat. Ni skrämmer bort kunderna med era frisyrer."

Jag förklarar att vi inte tigger. Vi ber ingen om något. Vi

är tillgängliga för allmosor. Det är inte samma sak. "Nåväl, men rör på er", svarar polisen bestämt.

Vi återvänder till platsen utanför mataffären. Mina ben darrar av matthet och hunger efter allt vandrande och den dygnslånga fastan. Eftersom vi följer skogstraditionens regler får vi bara äta fram till mitten på dagen och i västvärlden, där det sysslas med sommartid, var det bestämt att det så här års var klockan 13:00 som var gränsen. Nu var den 12:30. Jag säger till min munkvän att vi nog får ge upp för dagen: "Vi klarar ett dygns fasta till. Vi försöker imorgon igen." Samtidigt som jag säger det släpper någonting taget inombords. Hungerns krampaktigt knutna näve övergår i acceptansens öppna hand. Men min vän är inte redo att ge upp än: "Låt oss bara försöka en liten stund till", ber han. Jag går med på det.

Inom en minut kommer en äldre kvinna med mjukt ansikte fram till oss: "Vad gör ni pojkar?" Jag berättar att vi är buddhistmunkar, tillgängliga för allmosor. "Aha, ni vill ha mat, menar ni? Isle of Wight är en kristen ö. Här ska ingen gå hungrig. Vad vill ni ha då?" Jag förklarar att vi tacksamt tar emot vad som helst som är färdigt att äta, att det är en del av vår träning att släppa taget om våra preferenser. "Nej, du. Ska jag spendera mina surt förvärvade slantar på er vill jag såklart köpa något ni tycker om." Min munkkompis är svag för en viss sorts nordengelska pajer, så jag nämner namnet på dem. Kvinnan nickar och går in i affären.

Kort därefter stiger ett stiligt par fram. De visar sig vara från Kanada. Mannen berättar att portiern på deras hotell tydligen bor nära vårt kloster på vintrarna, så han har förklarat för paret vilka vi är och vad vi gör. De ber oss vänta ett ögonblick och försvinner också de in i mataffären. Fem minuter senare står vi med fyra bärkassar fulla med mat. Vi tackar så mycket, sjunger en kort välsignelse, och ilar sedan tillbaka till kyrkogården. Där sätter vi oss tillrätta på gräset och äter i tystnad. När vi har ätit klart sitter jag kvar, stilla en stund. Jag minns hur mina lärare i Thailand ofta sa: "Du kommer inte alltid ha vad du vill, men alltid vad du behöver." Precis så. Och konstigt nog – om jag håller lite lösare om mina önskemål, så tycks de gå i uppfyllelse så mycket lättare. Måtte jag aldrig glömma den läxan.

Bland nunnorna i det engelska klostret fanns Ajahn Anandabodhi. Hon var en färgstark karaktär, uppvuxen i norra England. Första gången hon kom till klostret hade hon en jättehög mohawkfrisyr i regnbågens alla färger. Ajahn Anandabodhi och jag anlände ungefär samtidigt till klostret och efter en tid fick vi båda en hel del ansvar för allt det praktiska som skulle lösas i vår gemenskap.

Som jag nämnde tidigare blev jag extra upptagen en period och var påtagligt stressad. Jag planerade det fysiska arbetet i klostret, tog emot gäster, svarade på mejl och telefon och skötte generellt mycket administration. Lite förenklat kan man säga att jag blev som en sorts kloster-VD, att jag gled tillbaka i min roll som civilekonom, vilket ju inte riktigt var meningen med mitt munkliv. Ajahn Anandabodhi lade märke till att jag var sliten och utarbetad. En kväll när vi skulle ha te-stund passerade vi varandra i hallen på väg mellan köket och te-rummet. Hon stannade upp mig och påminde: *"Natthiko. Do notice: Responsability – the ability to respond."*

Ansvar – *förmågan att svara an*.

Vad hjälper oss att svara an på livet medan det händer? Jo, precis det som jag har tagit upp tidigare: Ofta handlar det mycket mindre om att planera, kontrollera och organisera än man tror, och mycket mer om *närvaro*. Alla vet hur det känns när man är i *flow*. Man är vaken och uppmärksam. Varsevarande, om du vill. Man sitter inte ängsligt och genererar scenarier över allt som kan gå fel och undrar hur man ska förhålla sig till alla tänkbara och otänkbara utfall. Man är inte ständigt orolig över om det ska bli som man vill. Istället är man närvarande nog för att kunna svara an på ett öppet sätt. I regel blir det automatiskt också ett klokare sätt.

Att släppa kontrollen, att befinna sig i varsevarande, handlar mycket om att våga vara i osäkerhet. Det är ett svårt läge för de flesta av oss. Människan är så benägen att vilja veta. Det är naturligt och vi har det behovet allihop. När vi inte vet, när allt är osäkert, blir vi lätt rädda och oflexibla. Så vi låtsas att saker och ting är mer förutsägbara än vad de är, trots att vi i själva verket lever i en stor osäkerhet hela tiden. Vi vill gärna hålla hårt om våra planer och idéer om hur saker ska bli och borde vara. Och det är inget fel i att ha planer. Det är utmärkt, vi behöver alla planera våra liv i viss utsträckning. Jag tycker att det är en fin sak. Men det är skillnad mellan att planera och att tänka att ens planer måste falla in.

Den amerikanske presidenten Eisenhower, lär ha sagt: *"Planning is everything, plans are nothing."* ("Planering är allt, planer är ingenting.")

Tänk om vi fyllde i kalendern med blyerts istället för med bläck. Både bildligt och bokstavligt. Tänk om vi kunde komma ihåg att det vi skriver, det vi tänker ska hända kanske inte alls är det som kommer att hända. Och att vi kan försöka vara okej med det.

En stor del av andlig utveckling handlar just om att våga utsätta sig för osäkerhet. När vi kan stå ut med att inte veta och inte kontrollera, då får vi tillgång till en klokare del av oss själva. Att försöka hålla fast vid livet är som att försöka hålla fast i vatten. Dess natur är att flyta.

Munklivet var baserat på att frustrera hela mekanismen kring kontroll. Det var bland annat därför vi inte hanterade pengar, inte fick bestämma när eller vad vi skulle äta, vem vi levde med eller i vilken hydda vi skulle bo. Att bli tvungen att släppa kontroll var en avsiktlig del av lärandet. Och resultatet blev väldigt bra. Det är en gåva att kunna vila i tillit när livet blir osäkert, att vara bekväm med att inte veta.

Det handlar om ett lättare fotarbete. Om att vara mindre fast i det vi tror oss veta, till exempel om framtiden, som nyss berördes, och mer öppen för här och nu, vilket är den enda plats där livet egentligen pågår.

Varje människoliv innehåller hur mycket osäkerhet som helst, om vi ska vara ärliga. Det finns bara *en* enda sak som är helt säker i livet, och det är att en dag kommer det att ta slut. Resten är förhoppningar, farhågor, hypoteser, önskningar, idéer och avsikter. Det är lika bra att erkänna och acceptera det. Öppna den krampaktiga näven och låt den öppna handen fyllas av liv.

KAPITEL 22

Hips Don't Lie

EFTER SJU ÅR i det engelska klostret flyttade jag till ett annat systerkloster inom min tradition. Denna gången till en bergsby i de schweiziska alperna. Förutom närheten till bergen, som jag alltid älskat så mycket, så hade detta kloster fördelen att jag inte behövde vara "kloster-VD" längre. Schweizarna tog så väl hand om organiserandet själva, ingen gör det bättre. Jag kunde ta hand om våra gäster, vara jourhavande medmänniska, vandra och klättra i bergen. Jag började också undervisa alltmer i meditation och hittade så sakta min egen röst för det.

Vår abbot och min närmaste vän där, Ajahn Khemasiri, var som en trygg fadersgestalt och älskade fotboll. Han hade flytt Östtyskland som tolvåring, mitt i natten tillsammans med sin familj. Som ung drev han ett surdegsbageri men nu var han sedan många år en hängiven munk. Min nära vän Carl-Henrik slog huvudet på spiken när han vid sitt besök i vårt kloster beskrev Ajahn Khemasiri som en ubåtskapten!

Vid det här laget ledde jag meditationsretreats i ett halvdussin länder och Ajahn Khemasiri undrade säkert hur pass buddhistiska de egentligen var. Han fick höra från deltagarna att jag ofta pratade om *The Truman Show*, *The Matrix*, Nalle Puh och Muminpappan. Men som tur var visste han likaväl som jag att Buddhan var helt ointresserad av dogmer och fundamentalism. Vi såg båda buddhismen som världens vackraste verktygslåda.

I Schweiz levde vi inte lika strikt som jag hade gjort tidigare, särskilt inte i jämförelse med tiden i Thailand. Här gällde lite mer frihet under ansvar. Moderniteterna var på en sådan nivå att klostret till och med hade en internetuppkoppling. När jag hade lärt mig hur man googlade kunde jag inte låta bli att söka på mig själv. En av de första träffarna på mitt namn då, 2006, var ett pdf-dokument från en konferens i Malaysia som jag deltog i på tidigt 90-tal, då jag jobbade för FN:s livsmedelsorgan. Titeln som jag fick i det dokument är det enda skälet till varför jag hoppas lite på att få göra ett cv igen. I dokumentet presenterades jag som "internationell expert i finansiell analys av småskalig sjögräsodling". Det ni!

Mamma och pappa gav mig en dator. Någon annan hade gett mig en mp3-spelare så att jag skulle kunna lyssna på inspelade föredrag. När Carl-Henrik, min bästa kompis hemifrån, fick höra om detta blev han entusiastisk och skickade en bränd cd-skiva med "De 100 bästa låtarna sedan du blev munk". En oförglömlig gåva.

Till min stora glädje hade vi vandringsdag en dag i veckan i Schweiz. Min förbehållslösa kärlek till bergen gjorde att jag alltid gick dubbelt så långt och dubbelt så högt som alla andra i klostret.

En dag ger jag mig ensam ut på just en sådan vandring – snörar på mig snöskorna och tar mig mödosamt upp på en spektakulär sadelpunkt, varifrån man ser hela vägen ner till huvudstaden Bern. Det är vår och börjar bli lite varmt, även om det fortfarande ligger mycket snö kvar i bergen. Med den magnifika utsikten framför mig börjar jag äta min matsäck. Den smakar himmelskt.

Solen ligger på så jag tar av mig ett lager kläder. Sedan ett till. Jag har alltid tyckt mycket om att vara i solen. Till slut har jag bara kjolen och kängorna kvar på mig. Då pluggar jag in min mp3-spelare i öronen och sätter på den nedladdade spellistan "De 100 bästa låtarna sedan du blev munk". Det dröjer inte länge förrän jag hör Shakiras låt "Hips don't lie", och det går inte att sitta still längre. Berner Oberlands stelaste höfter börjar så sakta gunga.

KAPITEL 23

Jag är ju munken som aldrig tvivlat

JAG SITTER I mitt lilla rum i det vackra klostret i Kandersteg. Jag dricker en kopp te, läser något inspirerande, tänder min rökelsesticka och mitt ljus och sätter mig för att meditera. Jag har kommit till en punkt där jag efter tjugo års dagligt mediterande inte längre somnar utan faktiskt har börjat njuta mer reservationslöst av meditationen.

Så där sitter jag framför min förgyllda träbuddha och vilar i varsevarande. Andetag för andetag. Allt blir sakta sällsamt stilla. Inte stillhet bara som frånvaron av aktivitet utan stillhet som närvaro. En stillhet som jag vid det här laget är van vid och tycker väldigt mycket om. Den har blivit mitt hem där jag kan få vila. Kroppen blir påtagligt tillgänglig och jag känner mig väldigt levande och tillfreds. Det är en fantastisk känsla och jag vill bara att det ska få fortsätta vara så. Detta pågår i kanske tio–tolv minuter. Sedan kommer den där djupa, kloka, insiktsfulla intuitionens röst igen. Något inombords viskar: *Det är dags att gå vidare.*

Ånej! Vad opraktiskt! Jag har ju ett så bra liv nu.

Jag blev jätteförvånad. Och rädd. *Jag är ju munken som*

ska dö i kåporna. Jag är munken som aldrig tvivlat. Och nu, vid 46 års ålder, upptäcker jag att någonting i mig säger att det är dags att åka hem. Rösten var lika tydlig som den där majsöndagen i soffan i Spanien, tjugo år tidigare. Jag visste såklart att jag inte kunde ignorera den. Men jag hade också mycket att förlora. Hela mitt liv och min identitet låg ju här nu.

Så jag tog tid på mig, kanske ett halvår. När jag ringde till mamma och berättade om mitt beslut sa hon eftertänksamt: "Ja, du är väl lite ung för att pensionera dig." Hon hade ju varit och besökt mig i klostret i Schweiz och tyckte nog att det lite för mycket liknade ett ålderdomshem. Det låg något i det hon sa. Livet som munk hade blivit för tryggt och förutsägbart. Jag hade gjort det så länge och kunde rollen så väl så jag hade nästan börjat gå lite på autopilot.

En faktor som inte påverkade mitt beslut att sluta som munk på något nämnvärt sätt men som präglade mitt liv vid den här tiden, var att jag hade ådragit mig en ovanlig autoimmun blodsjukdom som heter ITP. Mellan två retreats i Sydafrika, där jag hade undervisat, gjorde jag en vandring i bergen i KwaZulu-Natal-provinsen. Något bet mig i benet under vandringen. Det började inte göra ont på allvar förrän efter ett par timmar, men snart därefter förlorade mitt blod förmågan att koagulera.

När jag kom till akutmottagningen i England två veckor senare sa läkaren: "Du är en vandrande bomb." ITP betraktas som en allvarlig sjukdom eftersom blodplättarna förstörs i förtid, vilket kan orsaka svåra och ibland rentav dödliga blödningar. I Schweiz gick jag igenom flera omfattande behandlingar, utan framgång. Läkarna ville ta ut mjälten, men jag vägrade. Istället fick jag under en period väldigt höga doser kortison, vilket gjorde att jag sov extremt dåligt. Kroppen har aldrig riktigt återfått förmågan till djupsömn efter det.

Även om beslutet att lämna redan var taget inom mig så var processen svår. Jag talade mycket med ex-munkar och ex-nunnor. Vid det här laget kände jag fler sådana än aktiva munkar och nunnor. Det vanliga är att man inte stannar i kloster hela livet, utan man gör det så länge man vill och det känns rätt. De flesta jag hade levt med under min långa tid som munk hade slutat – *kåpat av* – innan mig. Och alla ex-munkarna och ex-nunnorna sa samma sak: *Du har ingen aning om hur förvirrande det är och hur ont det gör att kliva ur det här nu när du har levt i det så länge. Större delen av din identitet hänger kring det här nu. Vem är du där ute sen? Det är mycket svårare än du någonsin kan ana.*

Det var lätt att tro dem. Men jag tog klivet ut ändå. Jag insåg att det var det modiga att göra. Jag tänkte att tillitskapitalet som jag hade fått genom all övning i att vara i osäkerhet borde stå mig bi, nu var det dags att ta ut det och testa det i den hårda verkligheten.

Någonstans plockade jag upp ett uttryck som jag tycker så mycket om, och som jag ofta använder när jag leder meditationer:

Vi lär oss i stiltje, för att komma ihåg det i storm.

Det är bland annat därför folk åker på retreats eller ägnar tid åt meditation. För att öva. Man kan inte leva sitt liv i ett meditationsrum. Men när vi är nya på någonting, när vi inte behärskar det så bra ännu, då är det schyst att ha lite gynnsamma omständigheter. Där kan vi i lugn och ro träna oss, så att vi sedan kan kliva ut i vardagens mer oförutsägbara väder på stadigare fötter. För det är klart att allt det vi lär oss behöver fungera ute i vanliga livet också. Hur mycket är det värt annars?

Livet kommer att bjuda på oundvikliga stormar. Om och om igen. Ibland kommer jag vara som ett ensamt skepp, mitt ute på ett hav där inte en enda fyr eller sjömärke står att finna. Ibland är turbulensen mildare, men alltjämt obehaglig – chefen gormar om något jag skulle ha gjort i förra veckan, en konflikt blossar upp med någon som står mig nära. Då kommer uppmärksamheten sannolikt sticka iväg till det som skriker högst inombords. Men har jag då, under lugnare omständigheter, etablerat förmågan att släppa taget om tankar, förmågan att välja var jag vilar min uppmärksamhet, då har jag en osviklig allierad. En bundsförvant som kommer stå mig bi i alla lägen, som alltid är på min sida.

KAPITEL 24

Farewell letter

I OKTOBER 2008 skickade jag ett brev till mina munk- och nunnekompisar i olika kloster, och berättade om mitt beslut. Jag skrev det på engelska då, men det löd ungefär såhär:

Kära ni,
Det var längesedan jag skrev ett sådant här brev till er alla. Många av er vet om att mina hälsoutmaningar kvarstår. Jag har gått igenom ett stort antal omfattande behandlingar och medicineringar det senaste året, både inom den konventionella sjukvården och genom en lång rad alternativa metoder. Jag har prövat i princip allt. Problemet med att mitt blod inte kan koagulera tycks svårt att rå på och lär bli något jag får vänja mig att leva med. Övriga symptom är, subjektivt sett, relativt uthärdliga. De allvarliga sömnsvårigheterna är det mest besvärliga, eftersom energinivåerna blir mycket låga i såväl kropp som sinne. Men det har också varit lärorikt för mig att leva med lägre vitalitet. Jag kan definitivt känna mer sympati för folk med energiproblem nu!
Den huvudsakliga anledningen till att jag inte skrivit på så länge är dock att jag under den senaste tiden har känt något inombords som uppmanar mig att överväga huruvida jag vill

fortsätta vara munk eller inte. Det förvånade mig stort, eftersom jag aldrig förut har känt några som helst tvivel kring detta. Mitt intellekt häpnade och påpekade det opraktiska och osäkra med att ta sig an ett lekmannaliv i den här åldern, inte minst med tanke på min hälsostatus. Men rösten gick inte att ignorera och redan i april stod det klart för mig att jag behöver kåpa av. Jag var emellertid ovillig att agera vid det laget, men den inre övertygelsen gjorde sig påmind igen och igen. Jag inser att det hela låter en smula mystiskt, som om impulsen kom från någon annanstans än "mig", men det var så jag upplevde det.

Jag vill ogärna lägga fram orsaker till mitt beslut, eftersom intuitionen föregick specifika skäl. Det som bäst kan beskriva hur jag känner är känslan av ett gammalt klädesplagg, som man har använt länge, och som man en dag upptäcker inte riktigt passar längre. Det är inget fel med plagget, man tycker alltjämt väldigt mycket om det, men det är dags för en förändring.

Tiden har kommit för mig att leva ett annat slags liv, ett som lekman. Jag tror att det kommer göra mig gott att stå på egna ben, ta mina egna beslut. Detta blir det första.

Jag *känner också att det finns några sidor av munklivet som inte är hjälpsamma för mig personligen längre, att jag behöver lite mer frihet i hur jag responderar på livet. Jag känner ingen oro för att min andliga hälsa ska lida av att jag kåpar av, den känns lika levande som någonsin. Vad gäller den fysiska hälsan så hoppas jag förstås att livet ska kunna erbjuda förbättringar, och jag vet att det finns lovande studier på en konventionell medicin som jag kanske kan prova om jag får chansen, men det är inte någon stark faktor i detta val.*

Jag har pratat med mina andliga mentorer om detta beslut, även om det helt och hållet är mitt eget och av uppenbara skäl inte är något som de har förespråkat. Jag har också pratat med min familj och mina närmaste vänner i och utanför klostret. Som så ofta påminns jag om hur många goda vänner jag har i mitt liv. Min känsla är att det kommer fortsätta vara så. Det tycks vara en av mina största talanger!

Jobbmässigt är det än så länge ganska vagt hur jag ska hanka mig fram. Sjukdomen gör att jag inte kommer kunna arbeta heltid på ett bra tag. Orken räcker helt enkelt inte till. Men av någon anledning oroar jag mig inte så mycket för mitt uppehälle. Jag känner mig säker på att tiden kommer utvisa vad som ska bli mitt nästa steg. I början får jag ta vad jag kan få, och det är okej så. Jag skulle inte bli överraskad om det med tiden dyker upp möjligheter för mig att dela vad jag lärt mig under mitt liv som munk.

Överlag har jag en betryggande om än irrationell känsla av att allt kommer att ordna sig. Den känslan inkluderar även den vaga men återkommande föraningen att den här kroppen kanske inte kommer hålla en "normal" livstid.

Det känns svårt för mig att veta vad jag ska inkludera och inte i ett sådant här brev. Jag förlitar mig på att jag kommer att få tid att prata med många av er i Schweiz och England den närmaste tiden. Jag kommer att resa runt en period, innan jag åker hem. Temat för de besöken blir att hylla det som varit, att klumpigt försöka uttrycka o-uttryckbar tacksamhet, samt att göra mitt bästa för att överleva separationsångesten.

Om någon av er undrar så är det inte så att jag har blivit kär, eller att det finns en specifik kvinna i mina tankar. Visst har jag många gånger önskat att den könsmässiga uppdelningen i våra gemenskaper inte hade skapat så mycket smärta och förvirring, men det har påverkat mig mindre nu under min tid i Schweiz. Och nog har det funnits stunder när en romantisk relation har känts väldigt lockande, men det var längesedan jag slutade tro att någon annan kunde, eller borde, göra mig evigt lycklig och fullkomlig.

Mina föräldrar och mina tre bröder verkar väldigt glada över att få ha mig närmare och mer tillgänglig. Den yngste av dem, som jobbar i modebranschen, har redan börjat gå igenom sin garderob efter kläder som kan passa mig. Jag befarar att jag kommer att se betydligt hippare ut än jag känner mig ... Det är lite överraskande kanske, men jag ser faktiskt ganska mycket fram emot att se ut som alla andra, att inte vara så apart från resten av samhället.

Jag lägger märke till att orden inte kommer så lätt i detta brev. Det beror delvis på ett underskott av sömn, och delvis på att det är så känslomässigt för mig. Det känns viktigt att försöka lyfta fram allt som har givits mig under de senaste sjutton åren, men jag vet att det är omöjligt. Vänskaperna, all uppmuntran, vägledningen, resorna, den materiella supporten, den delade glädjen, chansen att lära, växa och släppa taget i trygga och stöttande miljöer och mycket, mycket mer.

Det finns tillfällen då tacksamheten liksom hoppar på mig bakifrån och då är det nästan mer än jag kan bära. Genom all denna stöttning och uppmuntran har det blivit avsevärt mycket lättare att vara jag än det var för sjutton år sedan. Men märk väl – jag föredrar att inte ta alltför allvarligt på att vara jag, och det har blivit betydligt lättare det också!

Så, en fas slutar och något annat tar vid. Jag bär med mig välsignelserna från min tid som munk till mitt sista andetag, och bortom det, föreställer jag mig.

Med kärlek, sorg och tacksamhet, i en enda blandning /
Natthiko

När det väl var dags för mig att lämna klostret hade vi en vacker och innerlig ceremoni i meditationshallen med mina närmaste. Halvvägs genom ceremonin går jag till mitt rum. Jag tar av mig munkkåporna för sista gången, och sätter på mig ett par jeans för första gången på sjutton år. Tillbaka i meditationshallen lämnar jag över kåporna till Ajahn Khemasiri. Han skrattar till och säger att jag är den mest välklädda ex-munken han sett under sina tjugotvå år i kåpor. I detta ovana skal lämnar jag stiltjen och beger mig ut mot det öppna havet.

KAPITEL 25

Mörkret

JAG KOMMER HEM till Sverige i november 2008. Trots all kärlek och omtanke från min familj och mina vänner faller jag snabbt in i en depression. Jag hade ju lyssnat noga på de ex-munkar och ex-nunnor som varnade mig för smärtan och sorgen över att inte längre leva i den gemenskapen. Ändå kände jag mig helt oförberedd när det slog till. Kraften var så stark! Min sjukdom gjorde det förstås inte lättare.

Min nära vän Pips mamma hade generöst nog låtit mig hyra en gäststuga på hennes tomt till en väldigt billig penning. Så där satt jag nu, i en liten stuga på landet utanför Knäred. I vintermörkret. Ensam. Deprimerad. Sömnlös. Sjuk. Utan jobb eller pengar. Och inte blev det roligare när det första pensionsbeskedet kom. Eller när jag åkte in till Laholm för att söka socialbidrag. Jag blev ombedd att först registrera mig som arbetssökande. På Arbetsförmedlingen fyllde jag i alla formulär och fick sedan träffa en arbetsförmedlare. Han tittade på mitt cv och konstaterade: "Ja, det ser ju väldigt bra ut fram till 1989 ... Det är tjugo år sedan."

"Jag vet."

Det blev inget socialbidrag. Tack och lov stöttade mamma och pappa mig inte bara emotionellt, utan även ekonomiskt så länge det behövdes. Jag hade inte använt pengar överhuvudtaget på sjutton år och kom hem till ett samhälle som var kolossalt fokuserat på pengar. Jag kom på mig själv att tänka: *"Hur gör folk? Hur har folk råd att bo, att äta, klä sig, transportera sig, kanske till och med åka på semester ibland?"* Jag var helt chockad över hur dyrt allting var.

Det dröjde inte länge innan jag blev kliniskt deprimerad. Nästan varje natt vaknade jag, i en säng som var dyblöt av svett, av att ångesten körde runt i bröstet, i solarplexus. Djup ångest. Vi slänger oss ganska lättvindigt med ordet ångest nu för tiden. Men jag talar förstås inte om någon vanlig söndagsångest. Jag talar om en fullständigt nattsvart ångest, där du fastnar så obönhörligt i din oro och din ängslan att du blir som hypnotiserad. Jag talar om ett raster som tycks sila bort all glädje. En gardin som faller ner över alla tankar. Något som viskar i bakgrunden, på ett ständigt närvarande sätt: *Nu kommer det vara såhär, alltid. Det kommer aldrig att bli bra igen.*

Alla som har haft ångest på riktigt vet att om man tror på vad man tänker då, så är det rentav farligt. Det kan bli precis hur mörkt som helst. Fort. Att ha någonting giftigt i sinnet som hela tiden övertygar dig om att det aldrig kommer bli bättre, det är djupt otäckt och bland det mest fasansfulla en människa kan vara med om på ett psykologiskt plan. Du må ha tio fina, inkännande vänner som säger till dig att det kommer att gå över, som påminner dig om att allting annat har ändrat sig – klart att detta också kommer lyfta en dag. Du hör det, du fattar orden. Men nedanför hakan händer ingenting. Där viskar fortfarande den mörka rösten.

Jag har nog aldrig varit med om något hemskare än den tiden. Det blev så mörkt till slut, så en natt blev jag praktisk och övervägde om jag helt enkelt skulle sätta punkt för mitt eget liv. Det var visserligen inte mer än en tanke, men den var där ändå. Tydlig. Jag orkade inte känna mer, jag kunde inte förstå hur jag skulle klara att bära de tyngderna längre. Och jag vill att du som har någon närstående som mår dåligt, eller själv har perioder där det är så mörkt att du nästan hissnar, ska veta det. Du är inte ensam. Vi är många som har varit där. Och vänt.

Det är lätt att vilja dra sig undan när man mår så här dåligt. Isolera sig som jag gjorde. Det hjälper sällan. Kanske aldrig. Vi uppstår i varandras närvaro. Det blir särskilt viktigt i motvind. Om du kan, var tillsammans med människor som speglar ditt ljus. Försök att hitta kraft i relationer som är trygga och enkla för dig, där du känner dig omtyckt som du är.

Månaderna gick. En ny vinter kom. Nästan inga av mina vänner orkade ringa längre för jag svarade aldrig, och om jag gjorde det så var jag bara kortfattad och ville inte ses. Jag orkade inte prata med dem för det kändes som att jag skulle smitta dem med mitt mörker. Känslan inombords var att jag snart inte skulle klara mer. Natt efter natt bäddade jag torrt i sängen. Lade mig på rygg, men vågade inte somna, för då kom de hemska tankarna direkt tillbaka:

Jag kommer aldrig få en tjej, aldrig få familj, jag kommer aldrig hitta ett jobb eller ha råd med hus eller bil. Ingen kommer vilja vara med mig. I sjutton år har jag ägnat mig åt andlig utveckling och det här är resultatet.

Jag skämdes mycket. Jag hade ju vigt halva mitt liv åt att

fördjupa, förstå och utveckla mig själv som person. Jag borde komma hem som en liten boll av tidlös, lysande visdom. Istället kände jag mig som en av Sveriges mest misslyckade och olyckliga människor. Det enda som hördes i mitt huvud var tankarna om framtiden som övertygande dundrade fram: *Allt kommer bara bli ännu värre.* Jag kunde inte stå emot eller argumentera med dem. Det var som att komma med ett träsvärd och en liten hjälm av tidningspapper in i skogen, där den eldsprutande draken väntar.

Ångesten kom att bli den allra strängaste och bästa andliga lärare jag känt i hela mitt liv.

Aldrig hade jag varit lika motiverad att inte tro på allt jag tänker. För även om de nattsvarta tankarna var skrämmande övertygande, så fanns det fortfarande en liten, tunn livlina i allt det där jag hade lärt mig och tränat på. Trots allt mörker i och omkring mig så hade jag genom meditationen en plats att vila på. Ett andningshål. Tack vare att jag hade övat så mycket på att släppa taget så kunde den förmågan nu hjälpa mig även i den djupaste hopplösheten. Inte alltid, men tillräckligt ofta, klarade jag att vända min uppmärksamhet från de otäcka tankarna till andetaget. De kom visserligen envist tillbaka igen redan efter ett andetag, men när jag hade hållit på ett tag så kom jag till en punkt där jag kanske fick två andetag. Det gjorde att jag klarade mig.

Det tog arton månader innan det började ljusna igen.

KAPITEL 26

This too shall pass

JAG VILLE HELST bara sitta isolerad i min stuga och gömma mig för allt och alla. Min idé om en bra dag var att ingen skulle ringa eller maila mig, så att jag i ensamhet kunde få tugga i mig ännu en halv säsong av *Desperate Housewives*. Men tack och lov vägrade omvärlden att låta mig vara ifred. Och jag insåg ju det någonstans själv också, att det inte skulle sluta bra, om jag bara fortsatte hålla mig undan och tacka nej till det som kom min väg.

Pappa var klok nog att efter ett och ett halvt år säga: "Du Björn, du har blivit lite passiv. De där 10 000 kronorna som du får varje månad som ett förskott på arvet, de slutar nu." Jag gillade förstås inte hans beslut, men jag förstod att han hade rätt. Så jag började sakta sticka ut huvudet ur min håla. Under ett besök på klostret i Schweiz sa min munkvän Ajahn Khemasiri till mig, vänligt men bestämt: "Natthiko, det är dags att dela med dig igen." Så fick det bli.

Jag började undervisa, kortare och längre meditationsretreats. Det gick överraskande bra. De flesta meditationslärare i Sverige på den tiden var utländska och undervisade på engelska, så det var efterfrågat och uppskattat att jag kunde göra det på svenska. Att göra något som värderades av någon annan var mycket välgörande för själen, och jag började återerövra mig själv igen, steg för steg. Jag hade något att komma med.

Undervisningen gjorde att jag äntligen hittade en plats som kunde vara min. Att få dela med mig av det som låg mig allra närmast om hjärtat kändes djupt meningsfullt – en känsla som jag inte hade känt på arton månader. Att människorna jag mötte dessutom tog emot mig med en påtaglig grad av uppskattning, det betydde enormt mycket. Att återigen få vara i situationer där människor berättade öppenhjärtigt om sig och sitt, där jag fick erbjuda mitt fulla lyssnande, och ibland mitt stöd och min uppmuntran – *vad* jag hade hungrat efter sådana möten!

Efter ett tag vågade jag mig på nästa steg: att prata inför folk som inte självmant hade sökt sig till retreats eller liknande. Min kompis Daniel bjöd in mig att tala för hyresgästerna på hans kontorshotell Arkipelagen, sedan höll jag allt oftare föredrag för näringslivet och myndigheter. Och jag förundrades över hur uppskattat det blev, även där. Tänk att *jag* verkade ha något att bidra med ändå! Trots de psykologiska sår som jag bar runt på. Trots förvirringen och depressionen. Trots ångesten.

Självkänslan och självförtroendet var fortfarande svajiga, men sakta men säkert började jag känna att det, trots allt, kanske fanns en plats även för mig i arbetslivet. Folk såg ju ut som att de tyckte att det var okej att lyssna på mig en stund. Många uttryckte till och med att de upplevde det som värdefullt.

Det spelade en totalt avgörande roll för mig att jag möttes av en så vänlig och generös omvärld. Det kanske låter väl religiöst i någras öron, men jag säger det med bestämdhet – jag tänker på det som karma. Jag hade trots allt lärt mig att lyssna alltmer på den vackraste rösten i mig i sjutton års tid nu. Det hade sin effekt. Världen ville mig väl nu.

Mitt i allt detta ringer SVT: "Stina Dabrowski intervjuade ju dig när du var i klostret i Thailand. Nu är hennes man Kjell producent för 'Sommarkväll med Anne Lundberg'. Kom och berätta hur det är att ha kommit hem och hur du har det nu!" Hela mitt väsen bara skrek inombords: *"Neeej, nej, nej! Ni tror att ni ska få någon som sitter där och lyser av tidlös visdom i tv-soffan, men jag känner mig fortfarande alldeles olycklig och förvirrad."* Samtidigt hör jag min mun säga: "Ja, jag kommer hemskt gärna och är med i tv." Hur gick det ens till?

Så i juni 2010 var jag med i inspelningen av tv-programmet. Mot slutet frågar Anne Lundberg mig om det är någonting jag längtar efter. Jag svarar att jag längtar efter att bli förälskad. Efter programmet kramar producenten Kjell Dabrowski om mig och säger: "Det var den snyggaste kontaktannons jag någonsin sett!"

Ett par veckor senare, innan programmet har sänts, vinkar Elisabeth till på Facebook. Hon är en vän till en vän, och vi hade bara träffats en gång, på en middag för tjugo år sedan. Jag bjuder ner henne till Falsterbo, där jag bor vid den här tiden. Elisabeth hade nyligen varit på en workshop, där ledaren berättat hur mycket det betytt för honom att ha fått en andlig mentor. Elisabeth tänkte att jag kanske kunde vara hennes andliga mentor? Jag hade helt andra planer.

Elisabeth kliver ur sin hyrbil på parkeringen vid Falsterbohus. Vi är båda lite blyga, men låtsas inte om det. Jag har bränt mig i solen på stranden, och vi skrattar en stund åt det. Vi tar en cykeltur till Skanör. Elisabeth pratar rätt mycket, och sväljer därför några insekter. Vi skrattar en stund åt det också. Det är onaturligt naturligt. Känslan jag har är: *Klart det är vi. Det här är kvinnan jag vill ha vid min sida. I regn och i solsken.* Jag har mousserande rosévin på kylning, och min berömda fiskgryta står på spisen. Vi äter i bersån. Svalorna flyger högt. Det gör mitt hjärta också.

Elisabeth blev det bästa i mitt liv. Hon har alltid varit som medicin för mig. Vår fysiska närhet och ömhet är medicin. Vår vardag tillsammans, med hennes vuxna barn, är medicin. Maten hon lagar, kärleken och livsmodet hon visar. Humorn, skrattet. Visdomen hon gestaltar, andetag för andetag. Medicin. Som alla älskande så har vi det svårt ibland. Vi rör i varandras sår, nästan alltid ofrivilligt. Men det är ju just de sargade platserna inombords som behöver få komma upp i varsevarandets kärleksfulla ljus. Så allt är precis som det ska. Även då. Tack och lov har vi båda för länge sedan förstått hur ofruktsamt det är att tjafsa om vem som har rätt och fel, så klander fastnar vi sällan i någon längre stund. En gång talade jag i sömnen, fast till Elisabeth. Hon låg vaken bredvid och lyssnade. I min dröm kallade jag henne *Gåvan*. Precis så är det.

När Elisabeth och jag skulle gifta oss bad jag om hennes välsignelse för en ovanlig inskription i min vigselring. Den gav hon gärna, för hon visste vad orden betyder för mig. När juveleraren fick höra mitt önskemål skrattade hon och sa att det var det mest oromantiska hon någonsin fått i uppdrag att skriva i en ring.

Uttrycket jag ville skriva i ringen hörde jag för första gången för tjugofem år sedan. Under en stjärnklar natt i Thailand berättade vår lärare Ajahn Jayasaro en historia som utspelade sig i Mellanöstern på 1200-talet. En persisk kung ledde då sitt rike med legendarisk, sägenomspunnen visdom. Bland landets invånare fanns en man som verkligen ville veta vad som låg bakom kungens kloka styre. Mannen vandrade i veckor tills han nådde kungens palats, där han till slut fick sin audiens. När mannen knäböjde inför kungen frågade han: "Vad är hemligheten bakom Ert rättvisa, lyckosamma och hyllade sätt att styra vårt land, högt ärade Kung?" Kungen tog av sig sin guldring, gav den till besökaren och sa: "Inuti den här ringen hittar du min hemlighet." Mannen höll upp ringens insida mot ljuset, kikade lätt, och läste sedan högt:

This too shall pass

Inget varar. Allt är förgängligt. Det är de dåliga nyheterna. Men även de goda.

KAPITEL 27

Det börjar med dig själv

EN AV DE svåraste sakerna att tala om på ett trovärdigt sätt är kärlek. Kärlek till andra och kärlek till dig själv. Det är känsligt eftersom det är så tätt kopplat till det mest sårbara i oss människor. Men det är också därför det är så viktigt.

Buddhan särskilde fyra känslor som han ansåg gudomliga. De kallas Brahma Vihāra – gudars boning – eftersom det är i de här känslolägena som gudarna vilar. Här vilar också det gudomliga i oss. Här vilar det vackra i oss.

En av de gudomliga känslorna är *kärleksfullhet*.

En av dem är *medkänsla*.

En av dem är någonting som vi inte riktigt har något bra ord för i västvärlden: Mudita – människans inneboende förmåga att glädjas åt egen och andras medgång. Den där känslan när någon vi tycker om har medvind, det går bra, de är glada. Att översätta det till *medglädje* är inte så dumt.

Den fjärde är lite otippat: Upekkha. *Upphöjt jämnmod* är en fin svensk översättning. Det är en känsla med mycket visdom i sig. Det är inte sällan den känslomässiga tonen i varsevarandet. Någonting ömsint. Storögt. Klarvaket. Någonting i oss som är kapabelt att ta in allt, och förstå att just nu kunde det inte vara på något annat sätt.

I Buddhans anvisningar om hur man växer i de här gudomliga känslorna, dessa vackra viloplatser i människohjärtat, så förklarade han det mycket tydligt och enkelt: *Du måste alltid börja med dig själv.*

Din medkänsla för andra människor kommer alltid att vara bristfällig och i viss mån skör, så länge du inte kan känna det för dig själv. För att växa i kärlek behöver vi också kunna rikta ömsinthet inåt. Tyvärr tror jag att många av oss har glömt bort det, prioriterat ner det. Vi blir lätt stränga och självkritiska och missar att vi också är någon värd medkänsla. Särskilt när vi inte mår riktigt bra.

Hur fint vore det inte om vi oftare kunde möta det som gör ont inom oss med lite mer sensibilitet, tålamod och empati? Hur värdefullt vore det inte om vi kunde möta vår smärta med att innerligt och trovärdigt ställa oss själva frågan: *"Kan jag hjälpa mig själv på något sätt nu, så att jag inte behöver må så här i onödan, alltför länge? Finns det någonting jag kan göra för mig själv för att det ska bli lite lättare att vara jag?"*

På ett intellektuellt plan har vi ofta svårt med detta. Det är lätt hänt att hjärtat inte får komma till tals, utan att huvudet högröstat säger åt oss: *"Jag borde inte må så här dåligt. Jag borde inte reagera så mycket på den här grejen. Jag borde inte vara så lättstött, så lättsårad, så avundsjuk, så missunnsam."* Men en sak är säker – sådana förmaningar hjälper inte dig som redan sitter med tunga känslor. Istället behöver vi gå till platsen där det skaver och försöka betrakta den med så mycket medkänsla och förståelse vi bara kan uppbåda. Se om vi kan hitta ett sätt att möta de mörka tankarna, dra ut dem i ljuset, *utan* att tro på deras idéinnehåll.

Om vi kan börja betrakta oss själva i ett lite mer förlåtande, försonande ljus, så blir det naturligt att göra det mot vår omgivning också. Men så länge vi fortsätter att se oss själva utifrån ett hårt och krävande perspektiv, så kan vi inte vara odelat kärleksfulla mot andra heller.

Vi behöver inte ens använda ordet kärlek om det känns för stort. En av mina stora munkförebilder när det begav sig var Ajahn Sumedho – en storväxt amerikan, född samma år som min pappa. Han vande sig så småningom vid att istället för *kärlek* använda ordet *icke-aversion*. Det är inte direkt känslodrypande, men det kanske är en mer realistisk målsättning. Kan jag stärkas i min förmåga till icke-aversion? Att inte tycka illa om saker. Såväl saker i mig själv som saker i andra.

Jag vet att det finns många som bromsas i sin självmedkänsla på grund av att de upplever sig otillräckliga och bristfälliga. De anser sig inte *värda* den känslomässiga omsorgen. Men om vi ska vänta tills vi känner oss värdiga att älskas, tills den känslan bara uppstår, då är risken stor att vi väntar förgäves.

Vad ska till innan vi förtjänar mänsklig värme av oss själva? Hur bra, snygga och lyckade måste vi bli? Hur länge ska vi sona de små misstag vi gjort? Hur felfritt ska vi göra allt vi tar oss för? Kommer vi någonsin komma i mål?

Vi skulle alla må gott av att oftare komma ihåg att vi gör så gott vi kan. Andra gör så gott de kan, de också. Det kan ibland vara svårt att se eller förstå det i stunden, men de allra flesta av oss vill väl, nästan hela tiden. Ibland blir det som vi vill, ibland blir det bra, ibland blir det inte det. Men det finns ett värde i att tolka vår omgivning och oss själva med den utgångspunkten, att vi gör så gott vi kan.

Bara en av våra relationer pågår precis hela livet, från första till sista andetaget. Det är förstås den med oss själva. Vore det inte värdefullt om den präglades av medkänsla och värme? Av förmåga att förlåta, att glömma de små missödena? Tänk om vi kunde möta oss själva med mjuka, snälla ögon och se på våra brister med lite mer humor. Tänk om vi kunde unna oss själva samma kärleksfulla bemötande som vi ger våra barn, eller andra som vi älskar villkorslöst. Det skulle göra oss så gott. Och de gudomliga känslorna i oss skulle spira.

KAPITEL 28

Livet vidare i byxor

TILLBAKA TILL STUGAN i Knäred. Jag hade återfått ett värdigt liv och en ny yrkesbana hade börjat ta form. Men Sverige tycktes mig hårdare nu än landet jag mindes. Klyftorna hade vuxit. Stressen hade ökat. Alla pratade om prestation och kontroll. Jag hade ju uppmuntrats att släppa taget i sjutton år! Dessutom hade jag upptäckt att jag tyckte mycket mer om att samarbeta än att tävla, men det fokuset fanns inte lika naturligt i samhället som jag nu hade kommit tillbaka till.

Jag minns att jag vid den här tiden träffade en gammal kompis från åren på Handelshögskolan. Han frågade nyfiket vad min affärsplan var nu när jag hade börjat arbeta igen. Jag svarade att min affärsplan var att gå genom de dörrar som öppnar sig. Han var inte särskilt imponerad. Men för mig var det ett givet koncept, det enda rätta, och är så fortfarande. Om inte intuitionen viskar *"nej"*, då lyssnar jag på den.

Och se som det blev. Plötsligt fick jag guida hundrafemtio fackföreningsmedlemmar i en meditation om varsevarandets mysterier. Nästa dag delade jag mitt magiska favoritmantra med åttio riskkapitalister från hela världen.

En sådan gåva! Jag som alltid tvivlat på om jag duger som jag är. Jag som aldrig har tagit det för självklart att jag har någonting att bidra med, att det finns en plats för mig i arbetslivet där jag får känna att jag är värdefull och kan dela med mig av saker som folk tycker om. Och så möts jag av en omvärld som generöst skapade möjlighet efter möjlighet för mig att få göra just det – genom retreats, föredrag, poddar, TV- och radiointervjuer, ja till och med en egen turné.

Det som blev hade jag aldrig ens vågat drömma om när det var som tuffast. Något läkte i mig för varje gång jag fick uppleva att människor faktiskt tyckte att jag hade något att komma med. Och nu kan jag se tillbaka på mitt arbetsliv och liksom känna mig genomblåst som efter en hisnande bergochdalbanetur. *Vilket åk!*

Det tycks mig också som att en ny ödmjukhet har börjat sjuda i Sverige de sista åren. Allt fler är öppna för att vända sig lite mer inåt, att möta världen mindre tvärsäkert, att prova nya perspektiv och ifrågasätta de gamla. Det bådar gott för oss.

Den genomgående stöttepelaren på min väg tillbaka till arbetslivet var *tillit*. Kanske blev det viktigare än någonsin att ta vara på lärdomarna om att leva livet med en öppnare hand, att inte hela tiden försöka manipulera omständigheterna för att få som jag vill, att lita på universum. Det är förstås stor skillnad på att göra det i ett liv som buddhistisk skogsmunk och ett liv i byxor i ett västerländskt samhälle men det är minst lika viktigt. Vi tror lätt att vi kan och bör styra livet mer här. Men vi misstar oss.

Jag minns en gång, ett par år efter att jag hade kåpat av, då jag var på väg hem till mamma och pappa med deras bil som jag hade fått låna eftersom jag ännu inte hade någon egen. Jag behövde den för att köra till Hooks herrgård, där jag hade fått i uppdrag att underhålla på Sveriges golfadministratörers årsmöte – ett av många otippade jobb för en gammal skogsmunk. När jag kör in mot Stockholm ringer telefonen. Det är från TV4, de vill att jag ska komma till morgonsoffan och prata om stora livsförändringar senare i livet.

Dagen innan hade de visst haft med en 92-åring som just debuterat som deckarförfattare, vilket hade blivit ett populärt inslag. Jag kunde riktigt se framför mig hur de brainstormade på redaktionsmötet: *"Har vi någon annan halvgamling som har gjort ett lappkast senare i livet? Finns det inte en dammig ex-munk i Göteborg? Honom kanske vi kan bjuda in?"*

Jag var dum nog att tacka ja. Sedan låg jag förstås och var supernervös hela natten. Min självbild var fortfarande att jag inte hade så mycket att komma med, och det kändes minst sagt spänt att för första gången vara med i direktsändning.

Jag tar mig till TV4-studion nästa morgon, om än skakig av sömnbrist och nervositet. Programledarna Peter Jihde och Tilde de Paula var väldigt schysta och efter en stund sätter vi oss i soffan och börjar prata. Kamerorna rullar. En bit in i samtalet säger jag någonting i stil med att: "Jamen, ni vet, ibland stänger sig en dörr i livet, och nästa har inte öppnat sig än. Någonting är inte längre levande på det sätt det var innan – en relation, ett arbete, ett boende, en geografisk hemvist. Det tar slut, och nästa grej har inte kommit än. Plötsligt lever du i en situation med förhöjd osäkerhet.

Vad har du då att luta dig mot? Är det inte värdefullt att ha ett mått av tillit inom dig då?"

Peter Jihde ser litegrann ut som ett vänligt frågetecken. Om han hade varit en seriefigur och haft en tankebubbla ovanför huvudet, så hade det nog stått ungefär: *"Jag vet inte riktigt vad du snackar om, men jag gillar dig."* Tilde de Paula såg betydligt mer skeptisk ut i sitt kroppsspråk. Om hon hade haft motsvarande tankebubbla så hade den nog sagt: *"Jo jo, lätt för honom att snacka om tillit – gratis mat och husrum i sjutton år."* Hon sa någonting mycket mer polerat, ungefär: "Jamen, kom igen Björn. Barnen ska till förskolan, maten ska på bordet, man kan inte alltid vila i tillit."

Jag var beredd på den invändningen, jag vet hur provocerade folk kan bli när man börjar prata om tillit. Men eftersom jag hade legat vaken hela natten och oroat mig, så hade jag tänkt igenom vad jag kunde säga. Jag svarade: "Absolut Tilde, du har rätt. Jag håller helt med dig. Det är inte alltid som tillit är svaret eller lösningen. Vissa situationer behöver man kontrollera. Låt oss vända oss till den stora, vackra visdomsskatten som vi benämner islam. Inom islam finns det många kloka talesätt och i en av sidoskrifterna till Koranen står det att läsa: *Ha tillit till Allah, men glöm inte att binda fast din kamel."*

Märk väl att jag inte raljerar nu, även om talesättet är roligt. Jag älskar den visdomen, och jag bär den med mig. Det är så lätt att man fastnar i ett antingen-eller, att man tror att man ska leva i tillit hela tiden och bara luta sig mot det oavsett läge. *Nej, nej, nej!* När det gäller exempelvis deklarationen så är tillit inte alls en bra idé. Kontroll är grejen då. När det gäller att komma i tid till något som du lovade dina barn att närvara vid så krävs förmodligen planering. Men min känsla är ändå att i den här tiden, och i den här delen av världen, så är det flera av oss som behöver bli påminda om att tillit är värdefullt.

För mig har tilliten kommit att bli en av mina bästa vänner. När jag ska försöka hitta vägen framåt i mitt liv så är det just tillit och ögonblickets intelligens som blir mina kompasser. Jag vill kunna lita på mig själv, och jag vill kunna lita på livet.

KAPITEL 29

Meningen med livet är att hitta sin gåva och ge bort den

IBLAND HISSNAR JAG nästan vid tanken på hur det hade kunnat bli om jag fortsatt min bana som civilekonom. Än idag minns jag känslan när jag satt där på Lidingöbanan, på väg till AGA:s huvudkontor, första halvåret efter att jag gick ut Handels. Varje morgon betedde sig tankarna som en stökig skolklass i huvudet – stojandes och knuffandes. De gapade om allt som jag behövde genomföra och prestera. Som bakgrund låg den oavbrutet gnagande känslan av att jag inte var tillräckligt förberedd, att jag kanske inte hade tänkt igenom allt, att det säkert fanns massa saker som kunde gå fel. Jag satt med en tung känsla i bröstet. *Är det såhär mitt yrkesliv ska vara – en ständig ängslighet över att inte vara tillräckligt förberedd? Kan vi inte bara snabbspola fram till pensionen i så fall? Vad gör det med en människa att spendera en sådan stor del av sin tid i sådana känslor?*

Tack och lov hittade jag ett annat sätt att möta mina dagar på. Ett sätt där jag slapp vara fast och vilse i mina egna preferenser, förhoppningar och farhågor. Där jag kunde vara medveten om att livet händer här och nu. Det är så fantastiskt mycket roligare att leva så och jag känner stor glädje över att jag kunnat utforma mitt nuvarande yrke utifrån dessa grunder istället.

Det handlar förstås om tillit igen. När jag håller föredrag har jag till exempel inget manus. Självklart är det inget fel i att ha det. Men jag har en känsla av att om jag hade ett snitsigt manuskript, och varje gång sa samma sak som jag hade skrivit ner och övat på otaliga gånger, då skulle någonting i mig vissna lite. Och jag tror att åhörarna skulle känna av det också. Det hade inte blivit "på riktigt" på samma sätt.

Något av det modigaste jag gjort yrkesmässigt var att under 2019 ge mig ut på en riksturné. Vi kallade den *Nycklar till frihet*. Det kändes lite sturskt, men livet hade mer än någonsin blivit för kort för att vänta på omgivningens godkännande, så det var bara att köra. Min vän och vapendragare Caroline riggade outtröttligt allt det praktiska. Planen var att besöka åtta-tio städer, men det blev fyrtio. Aldrig har jag känt mig lika buren. Att få ett sådant förtroende och öppet lyssnande från över 20 000 åhörare känns fortfarande ofattbart.

Jag frågade några talarkollegor på förhand: "Vad tror ni om ett upplägg där en medelålders, vit man, med ett mycket lågmält kroppsspråk, sitter och pratar i två timmar utan manus, paus, musik eller bilder?" Ingen förhandstippade det som ett omedelbart vinnarkoncept direkt, vilket är högst förståeligt. Det hela var egentligen väldigt excentriskt. Men det funkade. För även om det inte fanns ett manus eller ens en särskilt tydlig plan, så fanns det en väldigt god vilja och en god avsikt, och det har jag lärt mig att lita på. Folk verkar dessutom uppskatta den innerligheten.

Livet hemma i Sverige började hitta en rytm, inte exakt som den i klostret men ett annat slags rytm: Min vardag med Elisabeth, de guidade meditationer och meditationshelger jag bjöds in till, föredrag för näringslivet, middagar med vänner och resor över hela världen för att besöka kloster eller lyssna till andliga lärare. Det var inte det liv jag levde innan jag blev munk. Det var inte det liv jag levde som munk. Det var något nytt. Och jag lade märke till att jag inte hade några större reservationer. Jag tyckte om det.

Men det var något som bröt mot rytmen. Subtila detaljer som inte riktigt var som vanligt. Sömnen fortsatte lysa med sin frånvaro. Jag somnade som en klubbad säl men vaknade ofta alldeles för tidigt och kunde inte somna om.

Under mina löprundor märkte jag hur kroppen inte bar som den brukade. Det var som att jag blev svagare i en allt snabbare takt och tappade muskelstyrka. En dag märkte jag att jag inte kunde göra armhävningar eller situps längre.

Det var något som inte stämde. Något i kroppen som signalerade till mig att bli uppmärksam.

En kväll i sängen när jag och Elisabeth låg bredvid varandra och skulle läsa varsin bok tittade hon plötsligt på mig och frågade varför det ryckte i min kropp.

Jag lade undan boken och såg själv hur det ryckte i bröstmuskler, mage och armar utan att jag kunde stoppa det. Det var inga jordbävningar i kroppen att tala om utan små darrande rörelser. Fascikulationer.

Jag plockade upp telefonen och började söka på de kroppsliga förändringarna jag hade lagt märke till. Sökresultatet var inte direkt hoppingivande.

KAPITEL 30

Tillit tur och retur

MIN BÄSTA KOMPIS i Thailand hette Tejapañño. Det var vi som rakade av håret och blev novismunkar samtidigt. Tejapañño var en sådan där "hjältekille". Han var från Nya Zeeland, en gammal stormästare i vågsurfing, och en av de vackraste män jag har sett i hela mitt liv. När vi gick allmoserunda så gick jag före honom eftersom jag blev novis en minut innan honom. Det var oftast de kvinnliga byborna som kom ut med allmosorna och de lade maten i min skål som brukligt, tittade ner och bugade lite, med handflatorna mot varandra. När de lade i Tejapañños skål vände de ofta ansiktet uppåt och avfyrade sina mest strålande leenden. Jag kunde inte klandra dem.

När jag talar om tillit tänker jag på en resa som jag och Tejapañño gjorde. Vi skulle åka till Malaysia och förnya våra visum. När man är fullvärdig munk så hjälper det religiösa ministeriet i Bangkok till med visum, men så länge man är novis får man ordna med det själv. Även om vi som skogsmunkar inte hanterade pengar så var det inte så att det saknades betalningsmedel i klostret. Det finns en lekmannastiftelse, till vilken det doneras pengar så att det räcker och blir över. Så när vår abbot viskade till styrelsen att två noviser behöver tågbiljetter till Malaysia för att åka och förnya sina visum på thailändska konsulatet i Penang, så ordnades det utan problem.

Vi tog nattåget till Bangkok och nästa morgon väntade några gulliga tanter på perrongen och gav oss mat. På eftermiddagen kom vi fram till Butterworth, fastlandet mittemot ön Penang.

Färjan dit kostade några Malaysia-dollar. Vad skulle vi göra nu? Som jag nämnde tidigare får man inte be om något som buddhistmunk eller -nunna.

Vi såg på varandra och konstaterade skrattande att detta blir ett bra tillfälle att träna på tålamod och tillit. Så vi ställde oss på färjeterminalen med klädsamt avstånd till biljettluckan. Vi står där i ett par timmar. Folk kommer förbi och småpratar lite med oss emellanåt och så småningom kommer det fram en ung amerikan:

"Hej, vad coolt, västerländska munkar!"

"Hej, hej!"

"Era kåpor är annorlunda än de orangea man ser i Bangkok, era är lite mer ockrafärgade, är ni sådana där skogsmunkar?"

"Ja, det stämmer."

"Vad gör ni här?"

"Eh... ja, vi... står här..."

"Det är ju ändå en färjeterminal. Känns ovanligt att se skogsmunkar här liksom, ni borde väl vara i skogen?"

"Japp, det vore det normala..."

"Jag pratade nyss med någon som berättade om skogsmunkar. Stämmer det att ni försöker leva nästan på exakt samma vis som de levde på Buddhans tid?"

"Ja, jo, det stämmer."
"Är det sant att ni inte hanterar pengar överhuvudtaget?"
"Ja, det är korrekt."
"Och ändå, här står ni?"
"Japp..."
"Kan det vara så att ni hoppas att komma med färjan men inte kan köpa era biljetter?"
"Det äger sin riktighet."
"Men herregud, såklart! Jag hjälper er. Det kostar ju nästan ingenting. Låt mig köpa två tur-och-retur-biljetter till er. Det löser jag!"

När du läser om kloster, nunnor, munkar, regler och gammal mossig religion, så är det inte konstigt om du kopplar det till kontroll, förutsägbarhet, begränsningar och avskärmning. Men jag vill att du ska veta att det inte alls var så vi levde. Vi var fullständigt exponerade och utlämnade till främlingars generositet *varje* dag. Klosterlivet var designat för att höja graden av osäkerhet. Och resultatet av den träningen är väldigt bra.

Jag får det bekräftat för mig igen och igen, även i "den vanliga världen". Ingen av oss lever i ett slumpmässigt, kyligt och fientligt universum. Tvärtom. Det du själv sjösätter ut i världen omkring dig, är också det som tenderar att komma tillbaka till dig. Ju mer benägen du är att kontrollera omständigheterna i ditt liv, ju mer obekväm är du att bli påmind om att det ens finns en sådan sak som tillit. Du går miste om hur hjälpsam tilliten kan vara. Och det kommer situationer där det inte finns någonting annat att luta sig mot än just tillit.

KAPITEL 31

Beskedet

DET SPÖREGNAR I Varberg den 11 september 2018. När jag kliver in hos läkaren på neurologen på sjukhuset känner jag mig som en soldat strax innan striden. Samlad och rädd på samma gång. Så redo man kan bli för att ens värld kanske snart vänds upp och ner.

Efter att jag hade börjat lägga märke till att min kropp betedde sig ovanligt sökte jag hjälp. Jag hade gjort en del väldigt obehagliga prover under sommaren. Ett inkluderade att sticka en nål genom tungan. Ett annat att ta emot flera hundra allt kraftigare elektriska stötar i olika delar av kroppen. Naturligtvis hade jag en växande misstanke om att det var något allvarligt. Jag hade googlat på symptomen. Jag visste vad det sämsta beskedet jag kunde få av läkaren var, och något i min mage viskade att det var läge att förbereda mig för just det. Efter en saklig presentation av provresultaten är det som om läkaren tar lite sats, och sedan säger hon det hon hoppats slippa säga: "Björn, allt tyder på att du har ALS."

Tre små bokstäver. ALS. Mardrömsscenariot. Sjukdomen som Aftonbladet kallar "Djävulens sjukdom". Sjukdomen som gör att dina muskler sakta förtvinar, tills kroppen inte orkar andas längre. Modern medicin har inget botemedel mot ALS, därför kallas den obotlig. Jag säger till läkaren att jag har läst på Wikipedia att man normalt har tre till fem år kvar att leva från diagnostillfället. "I ditt fall tror jag att det snarare handlar om *ett* till fem år", svarar hon. Det är i skrivande stund ett år och nio månader sedan.

Jag lade sakta märke till att livet där och då hände på två plan samtidigt. På ett personligt plan drabbades jag med full kraft av beskedet. Förtvivlan och chocken slet vilt i mitt inre. Jag hulkgrät. Samtidigt stod en annan del av mig alldeles stadigt och mötte den nya verkligheten med mjuka, öppna ögon. Utan att göra minsta motstånd. Märkligt, men inte obekant. Jag hade fortfarande den delen i mig att luta mig mot – *varsevarandet*. Det som alltid är vaket, och som aldrig går i konflikt med verkligheten.

Läkaren är duktig och känslomässigt intelligent. Hon bemöter mig fint och påkopplat, där jag sitter i all min bestörtning. Jag försöker hålla ihop det så gott jag kan, eftersom jag vill spela in allt hon säger på mobilen, för att inte missa någon viktig information. Hon går igenom vad vi har framför oss och sedan lämnar jag hennes mottagningsrum. Så fort jag stänger dörren brister fördämningarna fullständigt. Jag gråter så att jag skakar när jag ringer min vän Navid. Min älskade Elisabeth och jag har kommit överens om att inte ta beskedet på telefon, vad det än är, utan först när jag kommer hem. Vi var ju båda rädda för beskedet. Så Navid håller mig sällskap genom de själlösa, ändlösa sjukhuskorridorerna, ut i ösregnet och in i bilen. Där känns det som att jag kan fixa hemresan själv, så vi lägger på. Det går sådär.

Jag märker hur sorgen kommer som i svallvågor. När jag kör ut på motorvägen börjar jag skaka av vulkanisk gråt igen. Jag slås av outhärdliga tankar som *"Jag trodde att jag skulle få bli gammal tillsammans med Elisabeth. Jag hade sett så mycket fram emot att få bonusbarnbarn och se dem växa upp."*

Så jag ringer en annan vän, Lasse "Brandmannen" Gustavson. Lasse är en av de vackraste själarna jag någonsin haft äran att möta. Han är som en fyr i mitt liv. Även i de stormigaste vatten, vid de farligaste, vassaste klipporna, kan jag vända mig mot denna fyr och se den lysa. Och ljuset signalerar alltid samma sak, på det mest trovärdiga sätt: *Allt är som det ska. Alltid. Universum gör inga misstag.*

Lasse håller mitt hjärta tills jag är sju–åtta minuter hemifrån och lugn nog att klara sista biten på egen hand. Jag känner mig väldigt färdiggråten för stunden. Tömd. Stormen har bedarrat och kroppen känns avslappnad, bröstet öppet, och mitt inre alldeles stilla. Jag tänker inte på någonting, bara vilar i lugnet och upplever total närvaro.

Jag ska precis svänga av motorvägen när något stiger upp inombords. Den där kloka, intuitiva rösten talade till mig igen, bubblade upp från samma plats som flera gånger tidigare. Den var inte så långrandig som jag kommer vara nu, och jag kan inte säga att det kom i ord, snarare som en omedelbar gestalt eller ingivelse, men budskapet var väldigt tydligt:

TACK alla krafter, alla inblandade, för att jag har fått så mycket uppmuntran, så länge, att leva ett liv med ryggen rak. Tack för att jag har fått så fina förutsättningar att mer och mer ta fram det som är vackrast i mig. Nu när mitt sista andetag tycks kom-

ma mycket tidigare än jag hade hoppats på, så kan jag lugnt och tryggt konstatera att det inte finns något oförlåtligt som jag gjort, som jag djupt ångrar eller inte har kunnat ställa tillrätta. Jag har inget tungt karmiskt bagage som jag behöver släpa på. När min stund är kommen, när det blir dags att hänga av sig den här köttkostymen för gott, så kommer jag att kunna möta döden med ett öppet ansikte och en känsla av att jag har levt ett bra liv. Jag kommer att kunna ta mitt sista andetag utan att vara rädd för vad som händer sedan.

Det var lite överraskande, så som magiska tillfällen kan vara. Känslan var så stark och vacker, nästan lycklig. Dessutom var det som ett kvitto. Jag har alltid vetat att det är viktigt att vara schyst och sann, att leva ett liv med integritet och en tydlig etisk kompass. Men i det här ögonblicket, såsom jag upplevde det, var det något som ville fånga min uppmärksamhet och säga till mig att: *"Du är väl förberedd för det här, du kommer att kunna möta döden utan ånger, du behöver inte oroa dig."*

KAPITEL 32

Är det såhär det slutar?

NÄR JAG HADE tagit mig hela vägen från Varbergs sjukhus och klev in i hallen hemma så behövde jag inte säga någonting. Elisabeth förstod, bara genom att titta på mig, att vår värsta farhåga hade besannats. Vi föll i varandras armar och grät och grät. Och så fortsatte vi i några dygn. Oftast grät vi i tandem. Det var som om vår sorg visste när den andre hade kapacitet att hålla och stötta.

Den tredje morgonen vaknade jag tidigt, som vanligt, och noterade att det kändes lättare i bröstet. Runt klockan 06:00 ringde en vän, så jag smög in i tvättstugan och satte mig på kakelgolvet och pratade, för att inte väcka Elisabeth. Efter en stund stack hon in huvudet. Jag tittade upp. Hon log sitt sammetsmjuka leende och mimade ett ljudlöst *"God morgon"*. Vi såg länge på varandra. Jag lade märke till att ljuset äntligen var tillbaka i hennes ögon. Hallelujah. Ingen storm varar för evigt. *This too shall pass.*

Jag hittade ett ganska öppet sätt att förhålla mig till mitt sjukdomsbesked. Det är svårt att veta om det berodde på acceptans eller förträngning. Kanske spelar det inte så stor roll. Både jag och Elisabeth fann i alla fall en inställning som kändes uthärdlig. Ingen av oss ville helt svälja läkarnas dystra förutsägelser som det enda tänkbara utfallet. Vi ville förstås hålla en dörr öppen för ett mirakel. Jag kanske är död innan året är slut, eller så har vi tjugo fina år kvar tillsammans. Ingen vet säkert. *Kanske, kanske inte.*

Jag såg en gång en skylt där det stod: "Ge inte bort sånt du inte själv vill ha. Råd, till exempel."

När jag berättade på sociala medier att jag fått ALS, bad jag om att inte få några hälsoråd. Jag fick förstås massor ändå. Jag fattar. Det är av omtanke. Men den sortens råd jag inte kunde förstå att man ger är de i kategorin: *"Jag vet bättre än du varför du drabbats av denna sjukdom. Det här är vad du behöver göra för att bli frisk."* Oftast handlade förklaringarna i den kategorin om känslomässiga och psykologiska orsaker till en väldigt fysisk sjukdom. Klart jag blev förbannad. Så arrogant. Så förmätet. Så o-hjälpsamt.

Vad som däremot varit hjälpsamt är de lärdomar jag fått från mitt liv som munk. Jag har trots allt tränat på heltid i sjutton år på att inte skapa tänkta framtidsscenarier, på att inte tro på allt jag tänker. De förmågorna blev förstås viktigare än någonsin när jag fick diagnosen. De hjälpte mig att skingra katastroftankarna lite, att inte tänka så mycket på hur det blir när jag sitter i rullstol hela tiden, eller när jag inte kan prata eller svälja själv. Istället märkte jag att något annat växte fram: En väldigt stark känsla av att vilja leva tills jag dör. Jag är inte rädd för döden, jag känner mig bara inte redo att sluta leva.

Det blev snabbt viktigt för mig att normalisera tillvaron så gott det gick. Jag ville inte *bli* min diagnos. Det är så lätt att göra sig själv till ett offer i ett sådant läge, eller till en identitet – *"den sjuke"*. Jag har varit noggrann med att inte göra det. Det var kanske delvis därför jag tog mig för den där riksturnén efter att jag fick diagnosen. Jag ville liksom påminna världen och kanske mig själv om att *"still here, still around"*.

Det finns förstås vissa praktiska problem som uppstår när man reser ensam med fortskridande ALS-symptom. Jag fick träna min thailändska när jag bad hotellstäderskan om hjälp att knäppa min skjorta och mina byxor. Jag fick träna min tillit när jag behövde be om hjälp att få ut mitt bankkort ur betalautomaten på bensinmacken, be en främling om en axel att stödja mig på när jag missbedömt avståndet från hotellet till teatern i Linköping, när jag fick be en ung man att släpa min väska över kullerstenen då jag inte längre orkade själv, eller när jag behövde hjälp att resa mig efter att ha fallit mitt på en gata i Lund och slagit i huvudet ganska illa. Listan kan göras hur lång som helst. Men i takt med att jag behöver alltmer praktisk hjälp blir det också tydligare än någonsin: De flesta av oss tycker om att hjälpa varandra. När ett okomplicerat tillfälle uppstår, så gör vi det gärna.

Under vintern, drygt ett år efter att jag hade fått diagnosen, åkte jag på två otäcka omgångar med lunginflammation. Första gången var i Costa Rica, dit jag rest över julledigheten. Till slut blev jag så dålig att jag flögs i ambulansflyg till huvudstaden. Jag minns hur jag låg och tittade ut på stjärnorna genom den lilla Cessnans fönster och hade allvarlig andnöd. *"Är det så här det slutar?"* tänkte jag.

Sex veckor senare var det dags för nästa lunginflammation, fast då hemma hos mamma i Saltsjöbaden. En lördag i februari blev andnöden så akut att jag ringde efter en ambulans klockan 03:00 på natten. Även om ambulansen kom på bara tio minuter hann samma tanke återigen besöka mig: *"Är det så här det slutar?"*

Båda dessa tillfällen var hemskt otäcka. Men det var inte att mitt liv såg ut att ta slut som gjorde mig rädd. Det var *hur* det såg ut att sluta som var skrämmande. Kvävning finns definitivt inte med på min lista över de tio sätt som jag tror är mest okej att dö på.

Jag har förstås övervägt möjligheten till läkarassisterad dödshjälp i Schweiz om ALS-symptomen blir alltför hemska alltför länge. Det känns skönt att veta att den dörren står öppen. Samtidigt är det något inombords som alltmer bara vill låta den naturliga processen ha sin gång. Liksom en bra sjökapten väljer att stanna på sitt skepp i stormen, vill något i mig inte checka ut från kroppen i förtid.

Tiden sedan jag fick min diagnos har fyllts av en hel del sorg, men nästan ingen rädsla eller ilska. Sorgen handlar mest om allt som inte ser ut att bli, allt jag kommer att missa. Tanken på att inte vara med när mina bonusbarn får egna barn gör så ont att jag fortfarande har svårt att tänka på det eller tala om det utan att det brister. Sedan är det förstås framtiden med min fru. Jag vill så innerligt gärna bli gammal med Elisabeth.

Däremot har jag aldrig blivit arg på ALS. Eller på Gud, eller Ödet. Jag har aldrig blivit lovad att få leva länge. Vi människor är som löven på träden i det avseendet. De flesta löv faller när de är vissna och bruna, men några faller när de fortfarande är gröna.

KAPITEL 33

Allt kommer att tas ifrån dig

ÄVEN OM MITT psyke och min själ ännu är i god form, är det såklart ledsamt att känna hur kroppen steg för steg tvingas ge upp. Att få ALS är lite som att ofrivilligt bli sambo med en tjuv: Först det djupa obehaget när tjuven flyttar in. Det obehaget motsvaras inom ALS-världen av testerna lumbalpunktion, elektromyografi och neurografi. Tänk dig en häpnadsväckande stor nål, och massor av mindre nålar, på sensationellt obehagliga ställen – ofta med ackompanjerande elstötar, och tester som håller på orimligt länge.

Sedan börjar du sakta notera att saker som alltid funnits hemma plötsligt saknas. Tjuven tycks ha tagit dem. En dag är det förmågan att göra en enda situp eller armhävning som försvinner. En annan dag att kunna springa, simma, paddla, cykla, kasta, hålla eller lyfta. Du tvingas vänja dig vid att be om hjälp med att klippa naglarna, knyta skorna, låsa upp dörren, bre mackan, tanka bilen, öppna flaskan, skala bananen, pressa ut tandkrämen. Och tusen andra ting.

Sakta men säkert inser du att tjuven inte kommer nöja sig förrän han har tagit precis allt ifrån dig. Och att du – enligt en samlad läkarvetenskap – inte kan göra ett enda dugg åt saken. Tack och lov bor det en person till i huset. Min Elisabeth. Och hon råkar vara hälsovärldens motsvarighet till den medeltida riddaren i sin blänkande rustning, som mitt i stridens larm rider upp jämsides. Hon öppnar sitt visir, blixtrar sitt allra största leende, och säger: *"Var inte rädd. Jag finns vid din sida hela tiden."* Då bara vet du, att hur det än blir, så blir det bra.

Jag har tappat tjugo kilo muskler på två år. Varje försök att resa sig ur soffan är ett kraftprov med osäker utgång. Inget fysiskt – och då menar jag verkligen *inget* – är längre alldeles enkelt. Inte ens att dricka en kopp te eller att borsta tänderna. Och då använder jag ändå eltandborste.

När buddhister mediterar ägnar de sig huvudsakligen åt att vara i sin kropp, men man gör en tydlig distinktion: Vi *är* inte en kropp, vi *har* en kropp. Buddhan gick så långt att han vid något tillfälle sa: "Genom den här famnslånga kroppen har jag förnummit det som aldrig föddes och aldrig dör."

Kroppens inneboende natur är att bli sjuk då och då, att åldras – om man har tur – och att en dag dö. Någonstans i den buddhistiska träningen internaliserade jag en ganska realistisk syn på vad man kan begära av en människokropp. Ibland tänker jag på kroppen som ett slags rymddräkt som vi har tilldelats. Jag fick denna dräkten. Min var inte riktigt i samma toppkvalitet som vissa andras, så den tycks slitas ut lite fortare. Det ligger utanför min makt att påverka.

Utan att jag då förstod det så gjorde munklivet mig på många sätt förberedd för döden. Buddhan betonade verkligen värdet av att minnas att vi en dag kommer att dö, och inom skogstraditionen tog vi denna uppmuntran högst bokstavligt. Vi exponerades dagligen för reflektionerna att ett människoliv är förgängligt och en dag tar slut.

När man kom in i meditationshallen i vårt kloster var det första man såg ett helt människoskelett, ståendes i ett vitrinskåp. Skallen hade ett hål i tinningen eftersom den tillhörde en kvinna som tog livet av sig med en pistol. I sitt avskedsbrev testamenterade hon sin kropp till klostret, så att den skulle kunna användas just för att påminna alla om vår egen dödlighet. Om man sedan klev upp på altaret och gick längst bak, förbi de två jättelika mässingsbuddhorna, hittade man ett femtiotal stora plastbehållare, var och en med askan och benen efter en av våra avlidna församlingsmedlemmar.

Som jag tidigare nämnde låg vårt kloster dessutom i en kremeringslund, vilket gjorde att lokalbefolkningens begravningar hölls hos oss. I början var jag väldigt förvånad över stämningen på begravningarna. Det var så avslappnat, med mingel, skratt och väldigt, *väldigt* mycket läsk. De enda gångerna jag såg någon gråta öppet var när ett barn hade dött.

Begravningarna gick till så att de anhöriga kom sjungandes från byn på eftermiddagen, skjutandes kistan framför sig på en träkärra. Kistan lades på vedhögen och kroppen i kistan vändes från att ligga på rygg till sidoläge. Den justeringen är viktig, för gör man inte den kan det hända att överkroppen reser sig ur kistan när bålet börjar brinna. Det har tydligen att göra med hur våra senor sitter.

Eftersom traditionen är att låta den avlidne ligga i en öppen kista hemma i vardagsrummet i tre dagar innan kremeringen, har alla hunnit vänja sig vid att människan vi minns inte längre finns ibland oss. Såklart hjälper de naturliga processerna som den tropiska värmen sätter igång i en okyld kropp också till att göra döden högst handfast och o-abstrakt.

Ibland valde jag att sitta hela natten bredvid brasan med kroppen som brann, och meditera över livets flyktighet och dödens ofrånkomlighet. Resultatet av dessa meditationer har alltid varit att något rastlöst inombords stillnar. Något ängsligt lugnar sig. Jag mjuknar, öppnas och liksom svalnar inuti, i ordets mest behagliga betydelse. Det är som om kroppen känner igen sanningen när den stöter på den. Och att en obekväm sanning gör oss gott, bara vi slutar vända oss bort från den.

När jag var yngre ägnade jag en hel del tid åt diverse komplex kring min kropp. Jag beklagade mig över allt som inte såg ut som jag hade önskat. Men idag har vi ett helt annat förhållande, jag och kroppen. Den känns mer som en gammal vän. Vi har följts åt i vått och torrt länge nu. Ingen av oss är ung längre. Och jag känner stor tacksamhet. Jag vill hedra kroppen:

Tack kropp, för att du har gjort ditt bästa, hela tiden, varje dag.
Nu kämpar du i motvind. Jag ser dig.
Du får absolut ingenting gratis längre. Ändå gör du allt du kan för mig.
Fast du inte ens får den luft du behöver.
Jag gör allt jag kan för att hjälpa dig. Och jag ser att det inte räcker. Inte på långa vägar.
Ändå kämpar du på med allt du har, dag efter dag.

Du är min hjälte.

Jag lovar att aldrig mer bli arg på dig när ytterligare någon rörelse blivit omöjlig för dig.

Jag lovar att lyssna mer och bättre på dig än jag någonsin gjort förut.

Jag lovar att inte begära mer av dig än du kan och vill ge.

Förlåt för alla gånger jag har gjort just det.

Sist, och viktigast. Jag lovar högtidligt att när du inte orkar längre, då gör vi som du vill.

Jag ska göra allt jag kan för att då bara vara följsam och tacksam. Vila i tillit och acceptans. Glädjas åt vilket fantastiskt liv vi fick, och viska till dig med en stadig och oförvägen röst:

"Ske din vilja, inte min."

KAPITEL 34

Var det du vill se mer av i världen

VÅR FÖRSTE ABBOT i Thailand, Ajahn Passano, hade inte ordets gåva. Han tyckte inte alls om att hålla föredrag. Han gjorde det för att det var vad som förväntades av honom i hans roll. Men det fina med honom var att se hur han rörde sig genom sin dag. Att se hur han tog sig tid för alla som kom in i hans sfär, hur han hade tålamod med var och en. En del som besökte honom var ganska arroganta och ville skryta med sina andliga tillstånd och, som de själva tyckte, sin framgång. En del var rent oschysta. Men Ajahn Passano behandlade alla gott och rättvist. Det är sannerligen ingen lätt roll att vara abbot i ett buddhistkloster och att vara förebild för oss alla. Men för mig var han verkligen det. Han levde som han lärde, kunde backa upp alla sina budskap med sitt agerande. Alltid med hjärtat på rätta stället.

En kväll när vi hade te-stund började Ajahn Passano filosofera högt för oss andra. Detta var samma dag som mamma hade frågat honom om hur lång tid det tog innan han besökte sin familj i Kanada, så det var säkert därför han hade kommit att tänka på just detta minne. Han börjar beskriva sitt första besök hemma på sexton år:

Det är juletider och han är i sina föräldrars hem. Familj och släktingar har samlats för att umgås kring högtiderna. Sent en kväll sitter Ajahn Passano tillsammans med sin kusin vid ett bord. Kusinen dricker whisky. Efter ett tag häller kusinen upp ett andra glas whisky och skjuter över det mot munkens sida av bordet.

"Ska du ha ett glas?"

"Nej, tack. Som munkar och nunnor i vår tradition så avstår vi från alkohol."

"Men kom igen", trugar kusinen, "ingen kommer ju få veta."

Då tittar Ajahn Passano upp på honom och svarar stillsamt och uppriktigt:

"Jag kommer ju få veta."

Jag minns hur nackhåren reste sig när jag hörde detta. För mig kan ett budskap få ett alldeles särskilt värde när det kommer från någon som jag verkligen är trygg med, litar på och respekterar. Sådana människor kan säga ganska enkla saker, men de går ändå rakt in i mig eftersom avsändaren är trovärdig. Ajahn Passano var en sådan för mig. Därför blev just detta ett så inspirerat ögonblick och den finaste påminnelsen jag fått om varför det är värt att leva ett liv med integritet. *Så* vill jag använda etik. *Så* vill jag ta ansvar för mina handlingar och mitt tal.

Anledningen till att jag vill leva ett liv med ryggen rak, med en god inre etisk kompass, är inte för att det står i en bok. Eller för att någon gammal dammig, religiös skrift säger att man ska göra det. Det är inte för att jag vill verka god i andras ögon. Inte för att det sitter en farbror med silvrigt hår och skägg, och ett extremt långt pekfinger, ovanför molnen och för individuell balans- och resultaträkning över allt vi gör och säger. Utan helt enkelt för att jag minns! Saker som jag skäms över, som jag är rädd att folk ska få reda på, där jag vet att jag gjorde fel – *det* är tungt bagage. Det blir så slitsamt att bära på. Tänk att istället få resa genom livet utan för mycket skuggor, utan för många plågsamma minnen av stunder då vi inte agerade på ett sätt som var oss värdigt.

Därför är det värt att inte föra någon annan bakom ljuset för egen vinning, att inte göra någon annan illa för att det gagnar ens egna syften just då, att undvika att frisera eller fuska med sanningen för att det är det mest bekväma.

Alla dessa saker är mänskliga. Det är lätt hänt att vi gör dem, mer eller mindre. Men det börjar hända något väldigt fint när vi på ett aktivt sätt väljer att ta ansvar för vad vi säger och gör. Vi får ett betydligt lättare bagage. Vi gör det inte bara för andras skull, utan allra mest för vår egen.

I Thailand har man ett så fint uttryck, man talar om att *"klistra bladguld på Buddhans rygg"*. Det kommer från traditionen att regelbundet gå till templet med lite bladguld, levande ljus och rökelser, meditera en stund, och lämna över dessa gåvor för att visa respekt för sin religion. De flesta buddhastatyer i Thailand har massor med bladguld på sig. Uttrycket handlar om att man inte behöver vara så högljudd med sina goda gärningar. Det finns något fint i att sätta sitt bladguld på Buddhans rygg, där ingen annan ser det. Också bildligt talat. Det är inte viktigt att någon annan vet – *du* vet. Du minns. Och du lever med dig själv hela tiden. Våra handlingar och våra minnen är som badvattnet vi sitter i. Vi väljer själva om det ska vara rent eller smutsigt.

Vi kan prata oss fördärvade om vad som är etiskt och moraliskt riktigt. Filosoferna har stött och blött det i årtusenden. Men för mig kan det reduceras till ett sådant enkelt faktum: Jag har ett samvete, jag minns vad jag har gjort och sagt. Det hamnar i mitt bagage. Och jag kan välja vad jag packar däri.

Vad är vi då ansvariga för inom området etik? Inte impulser, så mycket är säkert. Alla har vi galna impulser då och då, även om vi låtsas som att vi inte har det. Vår abbot berättade en gång om en incident i ett amerikanskt presidentval på 70-talet, som är ganska talande. Jimmy Carter låg bra till för att bli vald till president. I en intervju frågar journalisten honom: "Har du någonsin varit otrogen?" Jimmy Carter svarar: "Aldrig med min kropp, men många gånger med min fantasi." Förtroendet för honom rasade. Men, som vår lärare sa: hade den här intervjun skett i en mer upplyst kultur, så hade förtroendet för honom stigit istället. För det finns knappast något mänskligare. Vi känner alla igen oss. Impulser är primitiva, präglade beteenden som vi inte är ansvariga för.

Däremot är det vackert att se en människa med tillräckligt utrymme inombords för att ha god impulskontroll. En människa som kan sålla mellan vilka impulser hon ska agera på och vilka hon ska släppa.

Buddhan beskrev det väldigt fint: En människa som tar ansvar för sina handlingar och sitt tal, som håller sig till sanningen, respekterar reglerna, inte avsiktligt skadar någon annan; den människan är som fullmånen en tropisk natt, som sakta kommer fram bakom molnen och lyser upp hela landskapet.

När jag var ung såg jag en westernfilm som hette *Little Big Man*. I filmen förekom en indianhövding, Old Lodge Skins. Han hade levt ett tufft liv och en morgon går han ut ur sin tipi och konstaterar: *"Today is a good day to die."* ("Idag är en bra dag för att dö.") Så vill jag ha döden. Som en vän. Du får vara med, döden. Du får ge mig proportioner och perspektiv genom att viska i mitt öra: *"Det tar slut en dag. Se till att du inte lämnar några skuggor."*

För plötsligt tar livet slut. Då spelar det roll hur jag har valt att leva det. Oavsett om vi tror på karma eller inte, så kommer vårt bagage med all sannolikhet påverka våra känslor – inför det som varit, och det som eventuellt väntar.

Det är ingen slump att man inom alla andliga traditioner betonar vikten av att minnas att vi en dag kommer att dö. Det är värt att ta sina beslut, att hitta ett sätt att navigera genom tillvaron, som inkluderar det faktumet. Vi *kan* välja att ta fram det vackra i oss. Ta fram det lite mer idag än vi gjorde igår. Och ännu lite mer imorgon. Ett människoliv är kort. När vi inser det på riktigt, när vi slutar ta varandra och det vi har för givet, då rör vi oss annorlunda genom våra egna liv.

Vi kan inte påverka alla tänkbara utfall eller få allt att falla på plats just så som vi önskar. Men vi kan välja att agera utifrån våra ljusaste intentioner. Vi kan ta ansvar för den etiska kvaliteten i vårt agerande och våra ord. Det är ingen liten sak. Men den spelar stor roll. Och den är tillgänglig för oss alla. Ingen annan behöver ändra sig för att du ska bli vackrare inombords. Det är faktiskt så fint ordnat.

Jag skulle gissa att en genomsnittlig tioåring vet ungefär vad som är vackert i människohjärtat. Tålamod, generositet, hjälpsamhet, uppriktighet, närvaro, förmågan att förlåta, förmågan att ställa sig i en annan människas skor en kort stund, empati, lyssnande, medkänsla, inkännande, omtanke. Det är inte svårt att veta vilka kvaliteterna är. Men jag har känslan av att vår kultur inte alltid uppmuntrar oss att ta fram detta. Just därför vill jag uppmuntra lite extra. Påminna om värdet i att leva med ryggen rak, att ta fram det vackraste i oss, medan vi kan. Jag har svårt att tänka mig något som världen behöver mer av just nu.

Betyder det att vi måste ställa hela mänskligheten tillrätta och lösa alla globala problem? Att alla måste bli Greta eller Gandhi? Absolut inte. Det finns en liten minoritet människor som bara tycks ha det där i sig. De tycker om det sättet att agera. Det är vackert och det är bra. Men det är inte mindre värt att välja att agera i sin egen, direkta verklighet. Måna om vardagsgesterna. De små tingens mirakel. När vi väljer att vara lite mer tålmodiga, förlåtande, storsinta, uppriktiga och stöttande än vad som kanske hade varit enklast för oss själva. Livet består egentligen bara av de små tingen, och tillsammans blir de det stora.

Varje enskilt människoliv innehåller fullt tillräckligt med utmaningar. Var och en av oss ställs, *varje dag*, inför olika vägskäl: Ska jag följa det som är mest bekvämt för mig, eller det som känns generöst, vackert, inkluderande och omtänksamt? I det långa loppet har de två vägarna enormt olika utfall.

Livet blir både lättare och friare när vi är måna om att följa vår etiska kompass, jag får det ofta bekräftat för mig. Vi lever inte i ett slumpmässigt och likgiltigt universum. Tvärtom. Det finns en resonans i tillvaron. Universum svarar an på avsikterna bakom vad vi gör och vad vi säger. Vad vi skickar ut kommer i längden tillbaka. Världen är inte som den är. Världen är som *du* är. Så var det du vill se mer av i världen.

En historia som fastnat hos mig handlar om en liten flicka som går på en strand. Det har stormat på natten, så vågorna har kastat i land mängder av sjöstjärnor. Hon går där tidigt på morgonen, plockar upp en sjöstjärna och slänger i den. Plockar upp nästa, och slänger i den. Då kommer det en gubbe gåendes på stranden. En surgubbe.

"Men flicka lilla, vad gör du?"

"Jag plockar upp sjöstjärnor och räddar dem tillbaka ner i vattnet."

"Ja, men snälla du, det ligger ju tiotusentals, kanske hundratusentals sjöstjärnor på den här stranden. Det lilla du gör spelar ju absolut ingen roll, det förstår du väl?"

Flickan plockar opåverkad upp en sjöstjärna till. Slänger i den. Och säger:

"Det spelar roll för den."

Efter sjutton år som munk hade jag en hel del populärkultur att ta igen – böcker att läsa, filmer och tv-serier att se – och jag har gjort ganska heroiska försök att hinna ikapp. En tv-serie som jag fastnade särskilt mycket för, som i och för sig kom senare, var den norska serien *Skam*. Den skildrar ungdomslivet på ett underbart sätt, helt utifrån tonåringarnas eget perspektiv. De vuxna är liksom kulisser, deras ansikten syns sällan ens i bild.

En av tv-seriens mest briljanta karaktärer heter Noora. Hon är så vacker utanpå, men ännu vackrare inuti, så jag blir rätt tagen av henne. Jag skulle beskriva henne som vännen som många av oss drömmer om, kanske vissa av oss till och med har eller har haft. Vännen som alltid backar upp dig, som alltid står på din sida. Vännen som är beredd att gå långt, *långt* utanför sin komfortzon, just för att hjälpa dig. Vännen som har ett sådant förtroendekapital hos dig, genom att det finns så mycket kärleksfull historia mellan er, att hon kan säga just det där som är jobbigt att höra, men som du behöver höra.

I en scen står Noora och fönar håret, och till vänster om spegeln framför sig har hon satt upp en post-it-lapp. På den står det:

Alla du möter
utkämpar en kamp
som du inte vet någonting om
Var snäll
Alltid

KAPITEL 35

Pappa

STUNDEN PÅ SJUKHUSET i Varberg var inte första gången under 2018 som döden knackade sitt knotiga finger på min axel. Den hade gjort det bara några månader tidigare, en solig eftermiddag i början av juni, efter att jag klivit in hos mamma och pappa i sommarhuset i Falsterbo. De lyckas alltid få mig att känna mig som just den personen i hela världen – där och då – som de helst av allt vill se vandra in genom deras dörr. Så även denna dag. Men efter kramarna noterade jag att det hängde ett allvar i luften. Pappa sa: "Björn, det är nåt vi behöver prata om. Skall vi sätta oss?" Vi slog oss ner och pappa var lika rättfram som vanligt: "Jag har KOL. Klockan tickar. Jag har nog inte så långt kvar."

Han sa det helt utan drama. Sen tystnade han. Det kändes som att det var min tur att säga något. Samtidigt hade det blåst upp till plötslig storm inombords. Det var viktigt för mig att säga något vettigt. Efter en kort stunds intensiv eftertanke svarade jag: *"You had a good run."* Pappa var trots allt inne på sitt åttiofjärde levnadsår. Han slog sig över knäet och sa: "Jag visste att du skulle fatta!" Sedan fortsatte han: "Och Björn, det är en sak till. Jag vill inte dö en lång och plågsam död på sjukhus. Jag vill sätta punkt innan sjukdomen gör det åt mig."

Det lät inte så konstigt i mina öron som man kan tro, för jag hade hört samma budskap från pappa i tjugo års tid. Om livet en dag inte längre skulle kännas värt att leva, så förbehöll han sig rätten att avsluta det. Under mina år som munk kunde jag inte stödja honom i det på grund av de regler en buddhistmunk lever under. Munkar och nunnor får inte på något sätt uppmuntra andra att ta sitt liv. Men nu kände jag annorlunda.

Eftersom assisterat självmord är olagligt i Sverige fick mina bröder och jag sätta fart för att hjälpa pappa att få som han ville. Vi hittade en organisation i Schweiz, och mot slutet av juni fick vi ett datum: Den 26 juli skulle pappa få dö en självvald, smärtfri, läkarassisterad död i Basel. Det var förstås otroligt konstigt att få ett exakt datum. En månad i förväg. Aldrig har tiden känts så utmätt. Sommaren 2018 blev inte bara den varmaste jag kan minnas, utan även den vemodigaste. Min sorgeterapeut den sommaren hette Spotify.

Vi planerade att ta med oss en högtalare till Basel, och gjorde spellistor fulla av Evert Taube och skotska säckpipor inför pappas sista stund. Min tid att sörja var tidig, tidig morgon, när världen inte hade vaknat än. Ofta satt jag ensam framför datorn, och förberedde inför avfärden till Schweiz. Då och då tog jag paus från jonglerandet med läkarutlåtanden, passkopior, bankärenden, flyg- och hotellbokningar, och bara lyssnade på en låt eller två från brödernas spellistor till pappa. Jag kan fortfarande inte höra "Amazing Grace" på säckpipa utan att det brister för mig.

Det kunde inte pappa heller.

Till slut var tiden inne. Vi var samlade på vårt hotell i Schweiz: mamma, pappa, mina tre bröder och jag. Basel var ännu varmare än Sverige. Precis som vi gjort hela den senaste månaden rörde vi oss tillsammans mellan alternativa verkligheter. Stunder av lättsinne, retsamhet och nostalgi avlöstes av stunder då det som vi hade framför oss kröp så nära att orden tog alldeles slut en stund. Ofta talade blickar tydligare än ord. När pappa pratade, fokuserade han ännu mer än vanligt på att uttrycka sin uppskattning och sin tacksamhet.

En taxi hämtade oss efter frukost den 26 juli och tog oss till Basels utkanter och ett behagligt rum med en säng i mitten. Läkaren informerade oss om hur det skulle gå till. Pappa lade sig i sängen och fick ett dropp i armen. Sedan lämnade läkaren rummet så att vi skulle få en stund för oss själva.

Vi satte på musiken som vi hade förberett. Sven-Bertil Taubes stämma fyllde rummet. Ingen av oss trodde nog att vi hade så mycket tårar kvar efter den senaste månadens sörjande. Så fel vi hade. Jag lade märke till att vi grät i skift. Någon fick en famn att gråta i så länge det behövdes, och när det lugnat sig såg den som nyss gråtit sig om efter någon annan som nu behövde en famn att gråta ut i en stund. Vi fyllde ledigt en normalstor papperskorg med pappersnäsdukar på en timme. Pappa var definitivt den som var mest samlad.

Han och jag hade alltid haft helt olika förväntningar på vad som händer efter man dör. Pappa var övertygad om att det bara blir svart, ridå, och sedan inget mer. Så när jag kramade om honom för sista gången, viskade jag såklart i hans öra: "Pappa, om du nu upptäcker att det fortsätter efter att du dör, så tänk dig då mig, sägandes till dig: Vad var det jag sa?" Han skrattade gott.

Alla hade sin sista stund med pappa. Mamma tog farväl med ett stort fång gula rosor, pappas favoritblommor. Efter sextio år tillsammans i självklar kärlek var det inte mycket de behövde säga till varandra. Jag kommer aldrig glömma hur de tittade på varandra när de tackade varandra för allt. Med kärlek, såklart, men även med en respekt som jag har haft den oerhörda lyxen att få se dem emellan i hela mitt liv. Det är som om de aldrig tagit varandra för givna.

När det var dags att be läkaren komma in igen kände jag att vi var så redo man kan bli för ett så omöjligt ögonblick. Vi hade haft en månad på oss att ta farväl och att säga allt vi ville säga till varandra. Vi satt runt pappas säng, höll i varandra, höll i honom. Läkaren stod bakom droppstativet. Pappa såg oss i ögonen, en efter en.

Sedan vred pappa på ventilen i droppslangen.

Vi hade informerats om att det skulle ta 30 till 40 sekunder innan han dog. Två minuter passerade. Då vände sig pappa mot läkaren och sa: "Hallå, Christian, är du säker på att du har rätt vätska i droppet?"

Klart vi skrattade allihop.

Därefter fick pappa något intensivt i blicken. Han vände sig till oss fyra bröder, och sa sina sista ord. En omtänksam förmaning som var väldigt mycket pappa. Jag tror ingen av oss någonsin kommer glömma de orden.

Några sekunder därefter, mitt under Evert Taubes "Linnéa", slutade varje muskel i pappas kropp att fungera samtidigt. Döden var ögonblicklig. Jag lade märke till ett oväntat uttryck i pappas mjuka, öppna ansikte. Total förundran. Som ett barn. Som om han inte i sina vildaste fantasier kunde ha tänkt sig att det var detta som händer när vi dör.

Den första stunden efter att pappa dött var det som om livet självt höll andan. Allt bara stannade upp. Läkaren lämnade rummet, och vi i familjen såg på pappa, och på varandra. Ingen visste riktigt vad vi skulle säga. Stunden var så stor. Ord kändes futtiga. Så småningom stängde någon pappas ögon. Mamma strök ömsint hans bångstyriga ögonbryn tillrätta. Flera av oss klappade honom genom täcket. Ljuset var intensivt gult, från rosor, tapeter, gardiner och solen utanför.

Allt i kroppen som hade blivit jobbigt för pappa – andningen, hostandet, svagheten – det var över nu. Han hade fått som han ville.

Gradvis började vi småprata med varandra, det var som om förtrollningen sakta släppte. Jag har aldrig pratat med min familj om just det här, men mig tycktes det som om livsanden lämnade pappa ungefär en halvtimme efter att han dog. Det var väldigt specifikt, och efter det ögonblicket fanns bara en kropp kvar.

Vår pappa, mammas livskamrat, fanns inte längre med oss.

Så småningom åkte mamma och mina bröder in mot Basel. Jag hade erbjudit mig att stanna. Det krävdes att en av oss gjorde det, och eftersom jag levt mina två sista år som munk i just Schweiz så var min tyska duglig.

När jag var ensam med pappas kropp tände jag ett ljus, bugade tre gånger, och började sedan sjunga välsignelser.

Jag sjöng hymnerna som jag lärt mig att älska som buddhistmunk, och som jag har sjungit över hundratals döda kroppar tillsammans med mina munk- och nunnekompisar för att underlätta hädanfärden. Självklart hade jag bett pappa om lov för detta innan han dog. Samtidigt sjöngs det välsignelser för pappa i åtta eller nio buddhistkloster på fyra kontinenter.

Sedan mediterade jag en stund, med fokus både på att pappas passage vidare skulle gå fint, och påminnelsen till mig själv, att min kropp – liksom alla andras – en dag kommer att gå samma öde till mötes som pappas. Och att ingen av oss vet hur mycket sand vi har kvar ovanför vårt timglas midja.

KAPITEL 36

Förlåtelse

FÖRMODLIGEN BEHÖVER VI möta döden på nära håll för att på riktigt inse att vi har varandra till låns. På ett intellektuellt plan vet vi det ju så väl, att vi alla en dag kommer att dö. Men att låta den kunskapen och insikten få komma ner till resten av oss, under hakan, det är ett livsarbete. Och det är värt varje steg.

För vad händer när vi slutar ta livet för givet? Vad händer när vi faktiskt, med hela vårt väsen, förstår att vi har varandra till låns? Vi har inte tid att slarva. En dag kommer det ett farväl – till varenda människa som betyder något för dig. Att vi har varandra till låns är det enda vi med säkerhet kan veta. Allting annat är *kanske*. Och när vi minns det så förstår vi att det bara finns ett sätt att förhålla sig till andra människor och till livet självt: Varsamt.

Finns det någon som behöver höra ett förlåt från dig? Vänta inte.

Finns det någon som behöver höra några ord som bara du kan säga till dem, för att det ska landa på den platsen som de behöver ta emot det på? Håll inte igen.

Finns det något du gjort som du ångrar, som du kan ställa tillrätta? Försök göra det.

Kanske finns det någon i ditt liv som det känns omöjligt att förlåta? Så kan det vara. Ibland kan det dock vara hjälpsamt att pröva den här tanken: Om du hade varit född med samma DNA, samma karma, samma koder som de, om du hade vuxit upp på exakt samma vis, med samma människor omkring dig, utsatts för samma händelser som de, då hade du med all sannolikhet agerat precis som de.

Naturligtvis finns det ondska som går bortom det fattningsbara. Det är inte den jag pratar om nu. Men också i vårt "vanliga" liv och tillvaro finns det gott om elakheter och illdåd som är värda att fördömas fullständigt. Vi kan göra det. Men vi behöver inte stänga hjärtats dörr för *människan*. Vi har kommit långt när vi på riktigt har lärt oss att skilja på personen och handlingarna. Du blir inte mesig bara för att du är intresserad av att växa i kärlek, bara för att det känns vackert att vilja möta allt och alla med värme. Du är fortfarande fullt kapabel att markera när någon har gått för långt, agerat illa. Men du kan skilja på dådet och människan.

Går någonting igång i dig när jag säger så här? Finns det kanske någon i ditt liv som du bara vägrar släppa in i hjärtat? Det är djupt förståeligt. Försoning och förlåtelse är inga lätta saker. Men pröva gärna att, lite sansat och sakligt, lägga märke till effekterna av dina känslor. Vad händer när du stänger hjärtat för någon? *Den personen* tar kanske ingen uppenbar skada, men *du* gör det. Du blir lite mindre. Du sår bittra frön i dig själv. Om du väljer att ofta påminna dig om den här människan som du inte kan förlåta, så kan det skapa en bitterhet som verkligen gör dig illa, utan att vedergälla den andra det minsta.

Jag har alltid fascinerats av de där japanska soldaterna ute på Stillahavsöarna, som vägrade tro att andra världskriget var över. Vissa var kvar i flera årtionden efter att det hade blivit fred, alltjämt redo med sina vapen. De lät sig minsann inte luras om att striden var slut, *ingenting* kunde få dem att ge upp!

Det är ofta samma sak med oss själva. Vi är så fast inställda på striden att vi missar fredssignalen. Men till slut upptäcker vi det – *kriget är över*. Det har varit över länge nu. Och freden vi sluter med oss själva är den viktigaste av alla. När vi väl har gjort det så faller mycket på plats, naturligt och av sig självt.

Jag älskar den bilden: *Kriget är över. Hissa vit flagg.* Det är den enda plats som försoning kan börja på. Vi kan inte vänta tills någon annan är redo att förlåta, försonas, gå vidare.

Det är här det börjar. Det är här det slutar.

Jag har ett minne från mina tidiga år som munk som jag tänker på ibland. En incident som gav ett tydligt exempel på mekanismerna kring att släppa taget om oförrätter.

I januari varje år hyllade vi minnet av Ajahn Chah, grundaren av vårt kloster och en mycket betydelsefull munk inom skogstraditionen. Vi firade den store mästarens hädanfärd genom att på traditionsenligt sätt högtidlighålla hans dödsdag. Han dog bara tolv dagar efter att jag för första gången kom till klostret. Denna ceremoni spreds och etablerade sig världen över, och varje år kom det munkar och nunnor från olika länder och firade dagen med oss. En regelbunden deltagare var en seniormunk från England. Han var en person som alla hade ganska svårt för. Så inför hans besök sa vår lärare till oss ungefär såhär: "Kom igen nu. Nu ser vi till att ge den här munken femstjärnig behandling. De korta dagar han är hos oss ska han få känna att han är en älskad mästare."

Det kändes som ett fint budskap och var något som vi svarade an bra på. Här kommer någon som har lite svårt att få munkar att stanna hos sig, som är lite svår att leva med, ganska excentrisk. Låt oss göra vårt bästa. Så det gjorde vi.

En kväll satt jag med seniormunken vid hans hydda, och masserade hans fötter. Massagekulturen var stark inom vår tradition och vi masserade ofta varandras fötter. I huvudsak var det de yngre munkarna som gav massage till de äldre. Det var liksom en ursäkt för att få hänga lite extra med dem och ta del av deras historier och klokheter. I början var massagen ett mycket ovant inslag för oss västerlänningar. Men för thailändarna, som har en tradition av att vara väldigt fysiska med varandra, så föll det sig mer naturligt.

Jag har fått berättat för mig hur Ajahn Chah, som var thailändsk, en gång frågade en västerländsk seniormunk, Ajahn Sumedho, om han masserade sin pappas fötter. Ajahn Sumedho, som är amerikan och född 1934 svarade med avsmak i rösten: "Nej, verkligen inte!" Och Ajahn Chah konstaterade lugnt till svar: "Det är kanske därför du har så mycket problem."

Så jag sitter i alla fall där, med min lilla duk, en flaska med olja och min egensnidade trämassagestav (för fötterna!). Och vi har det mysigt på munkars vis. Den engelske munken tar till orda och börjar berätta för mig om de gamla goda tiderna, om mästarna han mött och om äventyren han har varit med om. Det är allmänt trivsamt och gemytligt. Sedan dyker ett namn upp. Namnet på en annan seniormunk i vår tradition. Då förändras den här munkens väsen totalt. Han blir plötsligt väldigt arg, kort i tonen, ilsken och bitter. Han börjar berätta vilka fel den här andra munken hade gjort för länge sedan, och hur orättvist det var. Ung och naiv som jag var sa jag någonting i stil med: "Jamen du, det här är ju tjugotvå år sedan, är det inte dags att släppa taget om det?"

Låt mig ge dig ett tips: Säg aldrig till en upprörd person att den ska släppa taget. Det landar väldigt sällan väl, och får lika sällan önskad effekt. Den enda vi uppmanar att släppa taget om saker är oss själva, bara då funkar det. Men jag hade inte lärt mig den läxan än. Så naturligtvis blev utfallet inte som jag hade avsett. Den bittra munken blev inte ett uns mindre bitter. Möjligen lite *mer*.

När jag gick därifrån reflekterade jag en stund över vad det egentligen var som hade hänt. Jag gissade att den förargade munken nästan dagligen påminde sig om de där orättvisorna som begicks mot honom, som han *tyckte* begicks mot honom och genom att ofta påminna sig om det så höll han det färskt i minnet, som om det hände i förrgår. Bitterheten blir liksom "online" – tillgänglig dygnet runt, alla dagar i veckan.

Det finns någonting värt att lägga märke till här. Det förklarar hur förlåtelse kan vara en nyckel till frihet. Att försonas med det som hänt handlar inte främst om att vara storsint. Det handlar om att värna vårt eget sinnes hälsa, välja vilka känslor vi vill fylla det med.

En av mina favoriter inom skogtraditionen var den thailändske munken Luang Por Doon. Han var intellektuellt väldigt slipad och samtidigt djupt erfaren meditativt. Den dåvarande thailändska kungen och drottningen hörde till hans lärjungar, så de åkte regelbundet till Luang Por Doon för att ge gåvor och ställa frågor. Vid ett tillfälle ställde kungen respektfullt den stora frågan: "Luang Por Doon, blir Ni någonsin arg?" Det var ett laddat ämne, för inom österländsk religion lägger man väldigt stor vikt vid jämnmod. Det är beundransvärt att inte ryckas med av starka känslor och reaktioner. Luang Por Doon svarade på thailändska: "Mee, dtä mai aow." Det betyder ungefär: "Ilska uppstår, men ingen tar den i besittning."

Jag tycker om den här historien för den berättar hur det kan vara i ett mänskligt liv, när det inre rummet är så stort att det finns plats för alla känslor. Det är inte det att vi slutar ha känslor som vi upplever som negativa eller svåra. Vi slutar bara identifiera oss med dem, ta dem i besittning. Då kan de inte längre göra oss illa, eller få oss att göra saker som vi sedan ångrar.

KAPITEL 37

Från ytlighet till innerlighet

IBLAND NÄR MÄNNISKOR hör min historia, så säger de ungefär: "Tänk, vad mycket du måste ha lärt dig!" Det har jag kanske, men det känns inte som att jag bär med mig en stor säck med tidlös visdom. Nästan tvärtom. Jag reser med mindre bagage än någonsin genom livet. Mindre av mig och mer plats för livet. Det har gjort mig klokare, fast mer som Nalle Puh än som Uggla. Varsevarandet är numera det enda jag litar på, när livet börjar storma. Så ofta jag kan släpper jag mitt motstånd mot att känna det jobbiga. Jag försöker välkomna det istället, andas genom det, bli lite mer som Muminpappan när han står och tittar på havet, och säger: "Det blåser upp till storm, ungar. Kom så tar vi ut roddbåten på en tur!"

Sakta men säkert har jag upptäckt att det finns en klokare röst att lyssna på, att jag kan dansa med livet istället för att försöka kontrollera det. Att jag kan leva livet med en öppnare hand, och mindre som en rädd, knuten näve. Jag vill verkligen inte att någon ska tro att man behöver åka och leva som munk eller nunna i sjutton år för att få tillgång till det jag pratar om. Vi har det alla på mycket närmare håll än så. Inom hinduismen finns ett talesätt som lyder: *Gud gömde den dyrbaraste av alla juveler där hen visste att du aldrig skulle leta – i din egen ficka.*

Jag fick en fin påminnelse om just detta en kväll i klostret i Thailand. Efter kvällsmeditationen bestämde sig Ajahn Jayasaro för att spontant hålla ett vardagsföredrag för oss. Han gjorde det någon gång i veckan och just den här kvällen berättade han om en BBC-intervju med den thailändske kungen. Den engelska journalisten frågade kungen hur han såg på det västerländska, kristna begreppet arvsynd, *original sin*. Och kungen svarade så fint:

"*As Buddhists, we do not believe in original sin. We believe in original purity.*" – Vi tror inte på arvsynd. Vi tror på arvs-oskuldsfullhet.

Arvs-oskuldsfullhet är ett lite klumpigt ord på svenska, men en ack så efterlängtad påminnelse. Jag rös till på min meditationskudde när jag hörde det. Tänk om den där rösten inombords, som så ofta viskat att jag inte duger som jag är, faktiskt har fel?

Tänk om det istället är precis så som många andliga och religiösa traditioner sagt i alla tider: att kärnan – det oförstörbara i varje människa – är alldeles oskuldsfull och oproblematisk. Har alltid varit, kommer alltid att vara.

KAPITEL 38

Det är här det slutar

NÄR DEN HÄR boken skrivs härjar coronapandemin i Sverige och stora delar av världen. Med tanke på min sjukdom är det förstås total isolering som gäller för mig. En av karantänens bonusar är att jag Facetimear varannan vecka med min bästa munkkompis Ajahn Sucitto från England. Häromsistens läste han en kort sydafrikansk novell för mig. Slutscenen bestod av en rörande gest av generositet två totala främlingar emellan.

Eftersom Ajahn Sucitto råkar vara en av de mest storhjärtade människor jag haft äran att lära känna, så blir jag alldeles tagen av berättelsen. Mellan tårarna får jag ur mig något i stil med: "Sådana gester känns som det enda som är viktigt på riktigt nu för tiden!"

Ajahn Sucitto svarar lugnt: "Inte bara nu för tiden. Alltid. Det är bara en del ytligt fluff som fallit bort sedan coronan slog till, som gjort det tydligare nu."

I min situation blir såklart just den frågan extra levande: *Vad är viktigt, på riktigt, för mig nu?*

Det har blivit mindre viktigt att vara till lags. Tidigare var det alltid viktigare för mig än jag egentligen hade önskat.

Det har blivit viktigare att uttrycka tacksamhet. För de flesta är som jag: De *under*skattar hur *upp*skattade de faktiskt är.

Det har blivit viktigare än någonsin att ögonblick för ögonblick faktiskt vara här och nu, istället för att gå vilse i tankarnas dimridåer om vad som borde vara och vad som kanske kommer att bli.

Mina cirklar har blivit mindre. Jag fokuserar på mina närmaste. Jag vill vara alldeles säker på att de vet hur mycket jag tycker om dem.

Att leka har blivit viktigare. Att tycka har blivit mindre viktigt. Jag älskar svaret som Ajahn Chah – den legendariske thailändske skogsmunken – gav när han fick frågan: "Vad är dina västerländska lärjungars största hinder på vägen mot ett uppvaknande?" Kärnfullt, med bara ett enda ord, svarade han: "Åsikter."

Att vara en god vän till mig själv har aldrig varit viktigare. Det är skarpt läge nu. Det är dags att lyssna mjukt på mig själv. Tala snällt till mig själv. Ha lika mycket tålamod med mig själv som jag har med andra en bra dag. Ha ännu mer humor i mötet med mig själv.

Det är viktigt för mig att meditera med Elisabeth varje morgon. Att andetag för andetag släppa taget om tankarna, och istället sakta luta mig tillbaka i det som fanns innan jag föddes, och som fortsätter när resten av mig dör.

För mig är det som något jag har längtat efter hela livet, utan att förstå vad det är. Som om någon, så länge jag kan minnas, suttit på min axel och viskat: *"Kom hem!"*

Hur hittar man hem igen, då? Det bästa svaret jag hittat på den frågan kommer från Meister Eckhart, en tysk präst från tidigt 1300-tal, som lär ha varit upplyst. Efter söndagspredikan kom en gammal församlingsmedlem fram till honom och sa: "Meister Eckhart, Ni har uppenbarligen mött Gud. Snälla hjälp även mig att lära känna Gud som Ni gör. Men Ert råd behöver vara kortfattat och enkelt, mitt minne blir allt sämre."

"Det är mycket enkelt", svarade Meister Eckhart. "Allt du behöver göra för att möta Gud som jag har gjort, är att fullt ut förstå vem som tittar ut genom dina ögon."

När jag hade varit buddhistmunk i bara några år gjorde jag en eftermiddag gående meditation på meditationsstigen utanför min bambuhydda i djungeln. Samtidigt lyssnade jag på ett föredrag av en munk som heter Ajahn Brahm. Han talade om döden, och sa vid ett tillfälle: "När min sista stund kommer, hoppas jag att det kommer kännas som att komma ut i den svala nattluften, lycklig och omtumlad efter en alldeles fantastisk Led Zeppelin-konsert." Jag fattade precis. Nu när jag, kanske snabbare än jag hade önskat, går mot mitt sista andetag är det med en liknande känsla. Jag kan tack och lov se tillbaka på mitt liv utan ett uns av ånger eller oro, och med en oemotståndlig blandning av häpnad och tacksamhet få konstatera:

Wow, vilken resa, vilket äventyr jag fått vara med om! Vem kunde ha trott!? Hur kan jag ha fått vara med om så mycket? Jag tycks ha hunnit med tre liv på en enda livstid.

Hur lyckas jag ständigt dra till mig klokare, mer storhjärtade människor än jag själv?

Hur kommer det sig att jag inte råkat illa ut oftare, med tanke på hur många häpnadsväckande ogenomtänkta och ibland direkt

livsfarliga saker jag gjort?
Varför i hela friden tycker så många så mycket om mig?
Hur kan allt ha gått mig så väl i händer fastän jag aldrig haft en plan värd namnet?

Det fanns en mycket klok, älskvärd munk vid namn Luang Por Jun. Mot slutet av sitt långa liv blev han diagnostiserad med en ovanligt svårbehandlad form av levercancer. Utsikterna för överlevnad var minimala. Läkaren presenterade ändå en lång och komplex handlingsplan bestående av strålning, cellgifter och operationer. När läkaren var färdig med att redovisa sitt förslag på behandlingar tittade Luang Por Jun på sin munkvän som fanns med i rummet, med sina varma, orädda ögon och sa: *"Dör inte doktorer?"*

Jag hörde historien i efterhand, och har aldrig glömt den. Den slog an en sträng i mig.

Varför är den helt dominerande berättelsen i vår kultur om hur man möter döden en hjältemodig berättelse om kamp, motstånd och förnekelse? Varför utmålas döden så ofta som en fiende som ska besegras? Som en förolämpning eller ett nederlag? Jag vill ogärna se på döden som livets motsats. Hellre som födelsens motsats. Och jag kan förstås inte bevisa det, men jag har alltid haft en inneboende övertygelse om att det såklart fortsätter på andra sidan. Ibland känns det till och med som att ett vidunderligt äventyr väntar mig.

Den dagen då mitt sista andetag närmar sig – när det än sker – snälla, be mig inte kämpa. Gör istället allt ni kan för att göra det lätt för mig att släppa taget. Försäkra mig om att ni kommer klara er fint och att hålla ihop. Påminn mig om allt vi har att vara tacksamma för. Visa mig era öppna händer, så att jag minns hur jag vill att det skall kännas när tiden är inne.

Elisabeth, ligger du inte redan i min säng då, så kryp upp och håll om mig. Se mig i ögonen. Jag vill att det sista jag ser i det här livet är dina ögon.

TACK till mamma, Emma, Malin, Victor, Johan och Johanna och mest av allt till min älskade Fredrik! Ni vet varför. Tack också till Martin för din orubbliga envetenhet från första början, till Ingemar för allt ditt tålamod, och till Navid för dina oförtrutna övertygelser om att allt kommer bli bra till slut. Bland annat. Sist och mest – tack till Björn för det finaste förtroendet jag någonsin fått. Och för allting på vägen. You rock my world.
/ *Caroline*

TACK Björn för visdomen, förtroendet och att du är en av de mest tecknade människor jag fått nöjet att leka med. Tack Caroline för din stabilitet, ojämförbara noggrannhet och din känsla för kvalité. Tack Martin, Ingemar och alla på förlaget. Tack till Linus för din gigantiska hängivenhet och alla timmar av transkribering, genomlyssning och tålamod. Tack Amy, Howard och Adyashanti för ert stöd och era uppmuntrande ord under resan.
/ *Navid*

Delar av bokens manus har tidigare offentliggjorts i Framgångspodden samt radioprogrammen Sommar i P1 och Tankar för dagen, som båda sänds i Sveriges Radio.

www.alskapocket.se

Copyright © Björn Natthiko Lindeblad, Caroline Bankler, Navid Modiri
Omslagsfoto: Fredrik Bankler
Form Per Lilja
Redaktör Ingemar E Nilsson
Första utgåva Bonnier Fakta 2020
Tryck ScandBook UAB, Litauen, 2021
ISBN 978-91-7887-302-9